ENERGÍA FEMENINA DIVINA

Cómo Manifestar Con La Energía De La Diosa Y Los Secretos Del Despertar De La Energía Femenina Que No Quieren Que Conozcas (Colección 2 En 1: Manifestación Para Mujeres Y Despertar De La Energía Femenina)

ANGELA GRACE

Ascending Vibrations

NOTA PARA EL LECTOR

TABLA DE CONTENIDO

RECLAMA TUS BONOS (EN INGLÉS)

Para acompañarte en tu viaje espiritual, hemos creado algunos bonos gratuitos que te ayudarán a eliminar el equipaje energético que ya no te resulta útil y a manifestar una vida que se adapte mejor a ti. Los bonos incluyen un curso de video complementario con más de 4 horas y media de contenido empoderador, videos energizantes, poderosas meditaciones guiadas, diarios y más.

Puedes obtener acceso inmediato entrando en el siguiente enlace o escaneando el código QR con tu teléfono móvil.

https://bonus.ascendingvibrations.net

Bonificación gratuita Nº 1: Curso de puesta a punto de tus chakras en 3 pasos

¿Quieres conocer una manera única de enfocarte en los chakras? Eleva tu existencia enfocándote en el subconsciente, lo físico y lo espiritual.

- ¡Descubre un método único de 3 pasos para enfocarte en los chakras que muy pocos conocen!
- Hackea tu cerebro, eleva tu cuerpo, mente y espíritu, y libera los bloqueos que te impiden alcanzar la grandeza.
- Despierta una energía asombrosa para crear una realidad que se adapte mejor a ti.
- Deja de perder tu valioso tiempo con métodos ineficaces

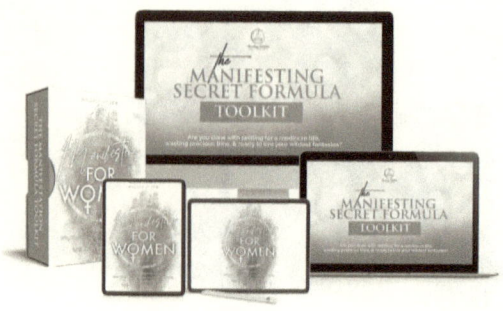

Bonificación gratuita Nº 2: El kit de herramientas de la fórmula secreta de manifestación

¿Has decidido dejar de conformarte con la vida, de perder tu valioso tiempo y estás listo para alcanzar tu máximo potencial?

Bonificación gratuita Nº 3: El kit de herramientas de limpieza espiritual

¿Estás listo para soltar toda la energía negativa que ya no te sirve?

- Libera bloqueos energéticos que podrían estar causando desequilibrios

- Despierta una energía asombrosa para sobrecargar tu aura
- Crea un ambiente energéticamente limpio y harmonioso

Bonificación gratuita N° 4: Una poderosa meditación guiada de 10 minutos de sanación energética

Todos estos increíbles bonos son 100% gratis. No necesitas ingresar ningún detalle excepto tu dirección de correo electrónico.

Para obtener acceso instantáneo a tus bonos, ve a:

https://bonus.ascendingvibrations.net

MANIFESTACIÓN PARA MUJERES

ATRAE LA ABUNDANCIA, POR QUÉ LA LEY DE LA ATRACCIÓN NO FUNCIONA Y CÓMO MANIFESTAR CON LA ENERGÍA FEMENINA DIVINA

INTRODUCCIÓN

¡Estoy inmensamente feliz de que hayan escogido este libro, queridas amigas! Déjenme darles la bienvenida a un mundo sublime lleno de maravillas y cosas increíbles que nos esperan. La manifestación es una herramienta maravillosa, con tal de que sepan cómo usarla. Teniendo esto en cuenta, espero que mi libro no solo les dé la inspiración para seguir adelante, sino que también les brinde toda la información que necesitan para perfeccionar su rendimiento al momento de realizar una manifestación. En los capítulos siguientes, hallarán guías paso a paso para realizar sus manifestaciones de manera tal para que la energía positiva fluya hacia ti.

Muchas mujeres son exactamente iguales a ti: están intentando descubrir cómo atraer a su vida todas las cosas que siempre han deseado. Aunque parezca fácil, has descubierto por las malas que en esta vida nada es lo que parece. Es muy probable que ya hayas intentado manifestar junto con otras actividades espirituales que te acercarían más a tu objetivo. Sin embargo, los resultados han sido mucho menos sorprendentes de lo que habías anticipado. ¿Por qué? Bueno, puedo decirte ahora mismo que, al leer este libro, podrás identificar todos estos contratiempos menores. Y una vez que lo hagas, tendrás la seguridad de que tu experiencia de manifestación será mucho más emocionante y fructífera.

Entiendo tu incredulidad, porque yo también he dudado del poder del universo. No me daba cuenta de cómo mi energía estaba afectando mi realidad. ¿Acaso tú estás haciendo lo mismo? ¿Te ahogas en tus pensamientos negativos y esperas que ocurra un milagro? No te desanimes, porque los verdaderos cambios no ocurren de la noche a la mañana. Requieren de tiempo y esfuerzo. Tienes que ser paciente y dejar que el universo haga su magia. Si lo que buscas es abundancia, entonces abundancia es lo que recibirás. Deja ir y despréndete de ese pensamiento repetitivo. Esto evitará que te cargues de expectativas que no se cumplen. No existen las alarmas, ni la ventana de tiempo, ni las fechas límite.

A lo largo de este libro aprenderás mucho sobre cómo funciona la Ley de la Atracción. Contrario a lo que muchas personas creen, no es solo un truco o una moda que atrajo una atención pasajera hasta que vuelva a desaparecer. Por el contrario, es un cambio en tu forma de pensar que se basa en un sistema filosófico integral y está respaldado por la ciencia. Es fantástico, ¿no? Dos formas totalmente diferentes de ver cómo las cosas se fusionan y sientan las bases de esta gran técnica. Usa la Ley de la Atracción para darle forma a tu vida de la manera que siempre has deseado. Suena increíble, pero te prometo que es la verdad.

Comenzar sin rellenar los espacios en blanco y sin entender por completo el significado de la manifestación no te beneficiará; de hecho, incluso puede desviarte de tu propósito inicial. En cambio, sigue la estructura que he incluido en este libro. Lee los capítulos y toma notas. Organiza tu mente y prepárate para una experiencia extraordinaria. Cuando estés lista para permitir que la energía positiva fluya a través de tu cuerpo, comienza con tus manifestaciones. Cuando te veas a ti misma convertida en la persona que en verdad quieres ser, cuando veas que el mundo que te rodea te ofrece todo lo que habías soñado en el pasado, mirarás hacia atrás y darás las gracias por este momento.

A continuación encontrarás mi experiencia personal, además de un resumen detallado de lo que vas a encontrar en este libro. Espero que te ayude a impulsar tu motivación y te aliente a sacarle el jugo a la inspiración.

Mi experiencia personal con la manifestación

Antes de que comencemos esta maravillosa experiencia con la manifestación, déjame compartir contigo un poco de información sobre mí. Tengo experiencia con la sanación energética, el reiki y los cristales. Descubrí el poder de los cristales, la sanación energética y la espiritualidad después de que mi amiga Linda me los mostrara. Estoy tan agradecida por su conocimiento y la amabilidad que tuvo conmigo. Esto ha abierto un nuevo mundo para mí, un universo lleno de posibilidades que nunca supe que existían.

En mi opinión, nunca me hubiera imaginado comprometida con el mundo espiritual. De hecho, seguro hasta me hubiera burlado de quienes creen en poderes superiores. ¡Sí que estaba equivocada! He pasado por muchos altibajos en mi vida; supongo que muchas de ustedes pueden identificarse con eso. Sin importar lo mucho que lo intentaba, parecía no tener suerte. Después de tres años de trabajar duro y terminar agotada por la falta de sueño, me encontré a punto de quedar en la ruina. Estaba deprimida y no era capaz de disfrutar de nada en la vida. ¿Cuál era el punto de trabajar tan duro si no obtenía nada a cambio? Estaba completamente en shock, no sabía a dónde acudir por ayuda.

Linda me convenció de intentar con la manifestación. Me explicó brevemente qué era la Ley de la Atracción, pero al principio estaba algo escéptica. Sin embargo, mientras más me hablaba sobre ella, más sentido tenía. Quizás esto me impedía alcanzar mis sueños y objetivos. Mi energía no estaba alineada con el universo; fue como una revelación total. Abrí los ojos por completo y literalmente asimilé cada palabra que dijo sobre la sanación energética, el equilibrio interno, la meditación y todo lo demás.

Comencé a realizar mi propia investigación y de a poco llegué a un punto en el que podía comunicarme con mi yo espiritual. Con el tiempo descubrí mi energía femenina divina, y de repente todo mi mundo cambió. Mi vida se transformó: invité a la abundancia, al amor y la felicidad. Ya no tenía que preocuparme más por la negatividad que me cubría con su sombra. Me sentía mejor que nunca y le doy las gracias al universo por hacer que eso suceda.

Al día de hoy, estoy orgullosa de haber escrito unos libros realmente inspiradores que comparto con el resto del mundo. *Energy Made Easy, Protect Your Energy, Crystals Made Easy, Feminine Energy Awakening* y *Reiki Made Easy* son libros que han surgido de mi deseo de compartir mi experiencia. Disfruto mucho echar luz sobre estos aprendizajes, porque soy profundamente consciente del impacto que pueden tener en la vida de una persona. ¡Únete a mí en este recorrido y experimenta todo lo que el universo puede hacer por ti!

¿Estás lista?

En este libro, vamos a hablar de lo que es realmente la manifestación. Junto con un trasfondo filosófico, te ayudaré a entender los conocimientos básicos detrás de la ciencia de las frecuencias vibratorias. Solo mediante este conocimiento podrás comprender del todo el significado de alinear tu energía con la del universo. A continuación, te mostraré diferentes técnicas que se usan en todo el mundo para mejorar tu frecuencia vibratoria. Técnicas como EFT, TRE y la hipnosis contribuyen a tu objetivo de manera significativa.

Por supuesto, nada de todo esto tendría lugar sin la

energía femenina divina. Por lo tanto, he dedicado un capítulo completo a analizar esta fuerza pura y cómo despertarla desde tu interior. La Ley del Dharma es otro concepto increíble, y te encantarán las siete leyes espirituales del éxito que he incluido aquí. Después, me he enfocado en el amor y en cómo manifestar una relación amorosa en tu vida. Tienes la opción de fijar tu mente en tu expareja o invitar a una persona completamente nueva para una gran experiencia. En capítulos siguientes, explicaré de qué manera ciertas técnicas amplifican tu energía y maximizan los beneficios que obtienes del proceso. Los paneles de visión, la escritura, las afirmaciones positivas y las plantillas que puedes utilizar son todos elementos que te ayudarán a organizar tu rutina de manifestación.

Obviamente, tienes meditaciones guiadas disponibles en este libro, al igual que algunos trucos para disminuir el lapso de tiempo en el que puedes esperar que se haga realidad tu manifestación. También hice referencia a algunos de los obstáculos más comunes que puedes llegar a encontrar a lo largo de tu camino espiritual, junto con formas efectivas de superar esos obstáculos. Por último, he creado un poderoso ritual diario para mejorar tus manifestaciones. Estoy segura de que no ves la hora de comenzar a leer este libro. ¿Estás lista para adentrarte en una aventura irrepetible?

I

INTRODUCCIÓN A LA MANIFESTACIÓN PARA MUJERES

Supongo que en algún momento de tu vida has oído hablar de la Ley de la Atracción. Tal vez muchas de ustedes son escépticas respecto de si la Ley de la Atracción es algo real o no. Bueno, para ser sincera, es todo cuestión de física. La Ley de la Atracción se parece bastante a la ley de la gravedad. Cuando dejas caer algo al suelo desde un lugar más alto, indefectiblemente este cae. No cabe duda, porque la gravedad lo atrae hacia el suelo; a menos que estés en el espacio, por supuesto. Por lo tanto, siguiendo un patrón similar, tu cuerpo parece atraer exactamente lo que has estado pensando.

Déjame desarrollar un poco este proceso particular. Tu cuerpo está lleno de energía que vibra al ritmo que tu cuerpo le dicta. Puedes sentir su energía o ignorar su presencia. En cualquier caso, es omnipresente. Por lo tanto, esta vibración particular de tu cuerpo es lo que hace que ciertas cosas vengan hacia ti. Tu mayor desafío es identificar cómo atraer las cosas agradables de la vida. Muchas personas terminan atrayendo todo lo que han estado intentando evitar en primer lugar. Entonces, ¿todo esto es aleatorio?

Por suerte, tienes el control sobre lo que atraes. Simplemente tienes que descubrir cómo canalizar tus deseos. Todo sucede en tu mente. Divididas en dos categorías marcadas, la mente consciente y la mente subconsciente hacen su magia sin parar. Desde que naces, tu subconsciente se llena de los estímulos que recibes. Allí es donde todos los recuerdos se forman, junto con tus hábitos. De hecho, el entorno determina quién eres; le da forma a tu paradigma. Toda la información que recoges se acumula en tu mente subconsciente y crea la persona en la que finalmente te conviertes.

Por otro lado, tu mente consciente es la responsable de tus pensamientos, los cuales se ajustan a lo que recibes de tu entorno. Por ejemplo, ves algo que te pone triste y luego piensas cómo arreglar las cosas. Lo más fascinante de todo es que es muy probable que tus pensamientos estén en armonía con tu subconsciente. Estas dos partes distintivas de tu mente son, en esencia, dos vehículos que se comunican entre sí. Tu mente consciente piensa de una cierta manera y eso desencadena a la mente subconsciente. Después, tu mente subconsciente dicta la energía vibratoria en tu cuerpo. ¿Me explico?

Muchas personas malinterpretan la ley de la atracción. Ellas creen que con solo cambiar la forma en la que piensan podrán beneficiarse de todas las cosas maravillosas en sus vidas: si solo las cosas fueran tan fáciles. Sin embargo, es necesario que ahondemos un poco sobre esto. Si en verdad estás decidida a cambiar el rumbo de tu vida, tienes que apuntar a tu mente subconsciente. Desde aquí controlas tus emociones. No importa lo mucho que intentes cambiar tu proceso de pensamiento, el resultado seguirá siendo el mismo. Está de más decir que debes dejar de lado todas las dudas y salir de tu zona de confort. Intenta comprender lo que ha contribuido a formar tu mente emocional de la manera en la que lo has hecho para poder modificarla. Ten cuidado, porque esto no va a ocurrir de la noche a la mañana. Para lograr algo así hace falta mucho esfuerzo y trabajo duro. Sin embargo, al final del día, no dudes de que valdrá la pena.

A continuación, te mostraré exactamente dónde radica el problema. Tal vez intentaste vivir de acuerdo con los principios de la Ley de la Atracción, pero te ha resultado difícil. Sin embargo, debes entender por completo lo básico antes de estar lista para embarcarte en este viaje maravilloso: un paso a la vez. ¿Existe alguna evidencia científica relevante que respalde el poder de pensar en positivo? En resumen, sí existe. Todo se reduce a la física cuántica.

Entiende la ciencia de las frecuencias

La física cuántica parece un concepto difícil de entender, ¿verdad? Incluso hasta parece un poco intimidante. Sin embargo, entender la ciencia revelará los grandes misterios del universo y te permitirá atraer las cosas que quieres en tu vida. De acuerdo con la escala de vibración en hertz, cada emoción refleja una frecuencia de vibración diferente. En las frecuencias más bajas, encontramos emociones como la vergüenza, el enojo, la culpa, el miedo y la apatía. A medida que subimos en la escala, encontramos emociones como la aceptación, el amor, la alegría, la paz y la iluminación (Smith, 2018).

Estos datos demuestran que la vibración de tu cuerpo cambia según lo que sientes. ¿Te lo imaginas? Si sientes culpa todo el tiempo, la vibración de tu cuerpo será baja. Por lo tanto, es irremediable atraer cosas negativas a tu vida. No puedes evitar permanecer en el mismo círculo vicioso. ¿O sí? Por fortuna, puedes cambiar la forma en que te sientes. Como resultado, poco a poco comenzarás a atraer las cosas adecuadas que debes sentir. ¿Por qué enviar una mala señal para recibir una respuesta idéntica que solo prolongará tu miseria?

Ahora que has entendido la forma en la que tu cuerpo envía y recibe señales, casi igual que una radio o una televisión, es momento de seguir avanzando. "¿Cómo puedo aplicar la física cuántica para atraer lo que en verdad quiero?". Esta es una pregunta que debe surgir en tu mente muy a menudo. Bueno, hay herramientas que puedes usar. Antes que nada, tienes que aumentar la frecuencia vibratoria que emites. Suena bastante simple, ¿no es así? A menos que entiendas cómo tienes que hacerlo, no será algo constante. Hay muchas técnicas que te permiten lograr ese incremento en las vibraciones de tu cuerpo. Entre las más comunes se encuentran la risa, la meditación y el ejercicio.

Lo que debes saber sobre las frecuencias es que todo en el universo tiene una frecuencia. Sin embargo, cada pequeña cosa en el mundo tiene una frecuencia especial que hace que esa cosa logre su máximo potencial. ¿Me explico? Esa es la frecuencia resonante, la cual define el punto en el que algo alcanza su nivel máximo de oscilación. Ahora entiendes que todo es vibración: en el momento en el que descubres la vibración específica que tienes que lograr para sacarle el máximo provecho a tu manifestación, tienes lo que se necesita para hacerlo. Ten esto en mente y jamás fallarás en lo que te propongas.

Otra técnica útil es reconocer cómo te sientes. En lugar de rechazar todas las emociones negativas, primero tienes que analizarlas. La conciencia es el primer paso para lograr una mejoría: no puedes tener una sin la otra. Descubre los motivos por los que te sientes triste, decepcionada o llena de culpa. Racionaliza estas emociones y luego déjalas ir. Apunta alto a la escala de vibración hertz; llénate de emociones que te hagan vibrar mucho más. Obviamente, no puedes obligarte a amar a alguien. Es algo que debe surgir desde adentro. Por lo tanto, lo que tienes que hacer es descubrir eso que hace que tu corazón se detenga. Lo que te hace feliz es la clave para atraer la felicidad. Puede sonar bastante obvio, pero la mayoría de las personas suelen seguir un camino diferente en su vida y terminan sintiéndose miserables. Descubre tu verdadera esencia y muéstrala con orgullo. Si existe algo que tu corazón anhela conseguir, no ignores ese deseo.

Es igual de importante que te rodees de personas que te hagan sentir bien. Su energía te levantará el ánimo en lugar de tirarte abajo todo el tiempo. Sé que todas las personas vienen con su propio bagaje especial. En ocasiones son sus familias, una relación tóxica o un amigo dependiente quienes las tiran abajo. Aún así, ¿realmente quieres sacrificar tu bienestar solo para evitar la confrontación? ¿Estás dispuesta a dejar en pausa tus propios sueños y esperanzas solo para seguir envenenándote con la presencia tóxica de quienes te rodean? ¡No lo creo! Acepta a las personas que emiten vibraciones elevadas para beneficiarte de su estilo de vida positivo. Los resultados te sorprenderán.

Por último, pero para nada menos importante, tienes que asegurarte de que tu mente esté preparada para el éxito. En otras palabras, debes eliminar la palabra "fracaso" de tu diccionario. El fracaso no es una opción. Tienes que creer en tus capacidades y estar cien por ciento segura de que te lo mereces. Es la única forma que tienes de reclamar lo que te pertenece, en lugar de comprometer todo el tiempo tus deseos, tus sentimientos y tus ambiciones. Es indispensable que tu mente lo entienda; tu felicidad no se negocia. Una vez que lo reconozcas en lo más profundo de tu ser, sentirás que tu vibración se eleva. Te lo digo, ¡es pura física!

Atrae lo que realmente quieres en la vida

Respaldada por la investigación científica, la Ley de la Atracción dicta que pensar en positivo es esencial para recibir abundancia y felicidad en tu vida. Ji Young Jung et al. han demostrado que pensar en positivo nos hace sentir más satisfechos con nuestra vida, lo cual es una premisa revolucionaria (Jung et al., 2007). De hecho, es bueno saber que tu propia mente puede afectar tu bienestar. Existe una fuerte correlación entre la forma en la que te sientes y el rumbo que ha tomado tu vida. Si pasas cada hora de tu día quejándote y sintiéndote miserable, tienes que tener la certeza de que tu situación jamás cambiará. Cambia tu forma de pensar para recibir la alegría en tu vida. ¡No soy solo yo la que lo dice, es la ciencia!

Si puedes soñarlo, puedes serlo. Aunque esto sí suena como un eslogan publicitario, la verdad es que la visualización está fuertemente arraigada a los resultados exitosos. ¿En dónde estaríamos sin los sueños, después de todo? Cuando quieres algo, debes hacer todo lo que esté dentro de tu alcance para lograrlo. Esto implica cambiar la forma en la que te sientes sobre ti misma para dejar que la física funcione a tu favor. Comienza a emitir frecuencias vibratorias altas para atraer los resultados que has estado esperando en tu vida. No confíes en la suerte o el azar. No esperes a que los astros se alineen y que el "destino" haga sus milagros. Sé la capitana de tu propia vida y guíala exactamente hacia donde quieres ir.

Volvamos a la evidencia científica que respalda la teoría

detrás de la ley de la atracción. Existen estructuras neurológicas que se denominan neuronas espejo. Estas estructuras fueron encontradas principalmente en simios, pero los científicos han analizado unas estructuras similares en el sistema neurológico humano. Según la investigación llevada a cabo por la Universidad de Parma, las neuronas espejo son responsables de que los seres imiten los patrones de comportamiento que observan a su alrededor. Esto quiere decir que el comportamiento tiende a ser imitado de acuerdo con la proximidad (Jaffe, 2011).

Si estás enojada, es muy probable que notes que las personas que te rodean imitan ese comportamiento particular. Esto ocurrirá incluso si no saben qué te ha hecho enojar en primer lugar. Ellas lo percibirán, absorberán esta energía negativa y la reflejarán sobre ellas mismas. Por supuesto, el comportamiento de otras personas también te afectará. Tal vez en tu entorno habrás percibido que la forma en que los demás se sienten influye sobre ti y que ocurre lo mismo con ellos. Las neuronas espejo contribuyen a ese efecto y explican por qué esto ocurre en gran medida. Básicamente, intercambiamos energía y nos alineamos con quienes están cerca de nosotros (Jaffe, 2011).

Por último, vale la pena considerar el hecho de que la intención y la acción surgen de la misma parte del cerebro. Como consecuencia, cada vez que estimulemos las partes del cerebro responsables por lo que tenemos pensado hacer, básicamente estimulamos esas partes del cerebro que desencadenan nuestras acciones (Gollwitzer y Sheeran, 2006). ¿Qué te parece eso? De esta forma, es importante fortalecer nuestra visualización de lo que queremos lograr. Tarde o temprano, nuestro cerebro interpretará esta visualización como algo que debe convertirse en realidad. Por supuesto, existen técnicas que pueden ayudarte a mejorar tus intenciones; en otras palabras, a canalizar tus deseos de una forma que te permita hacerlos realidad.

Como podrás ver, en la Ley de la Atracción nada es lo que parece. El comportamiento humano puede interpretarse de forma científica y nos ofrece una prueba sólida de que funciona. Vale la pena cambiar tu vida aprendiendo los mecanismos que te proveerán todo lo que has estado soñando todo este tiempo. En lugar de sentirte triste porque aún no has podido cumplir tus metas, espera con ansias el futuro que está frente a ti. Será un futuro brillante, lleno de alegría y abundancia. Es una aventura mágica que apenas está por comenzar. ¿Estás entusiasmada por subirte a ese tren y decirle adiós al dolor y a las inseguridades del pasado?

MANIFIESTA LA VERSIÓN
SOÑADA DE TI MISMA

La Ley de la Atracción es absolutamente factible, siempre y cuando surja desde adentro. Debes reprogramar tu mente para que crea en la nueva "tú" antes de que seas capaz de manifestarlo al mundo. Como descubrirás por las malas, tu propio sistema de creencias ha puesto frente a ti el obstáculo más pesado. Es tu propia mentalidad la que te reprime y te rodea de energía negativa. ¿Así realmente es como quieres seguir? ¿Vas a sacrificar la versión soñada de ti misma solo porque estás acostumbrada a menos que eso?

Tenemos que aceptarlo: el mundo es un espejo. El espejo refleja solo lo que pones frente a él. Bueno, lo mismo ocurre con tu vida. Si te ahogas en miedos, dudas y pensamientos negativos, eso es lo que estás destinada a encontrar en tu vida. Las mismas cosas, una y otra vez. A menos que hagas algo al respecto, las cosas jamás van a cambiar. No puedes desperdiciar tu vida esperando a que alguien más se haga cargo y te salve de la tristeza. ¿Por qué harías eso? Tienes en tu mano la llave para liberar literalmente todo con lo que has soñado en tu vida.

Es importante que entiendas que tú creas las limitaciones en tu vida cotidiana y que eres la única responsable de eliminarlas. Si no, quedarás atrapada en un calvario de nunca acabar. Acéptate a ti misma y confía en que eres digna de amor, riqueza y prosperidad. Existe una idea errónea generalizada de que la manera correcta de comportarse es con modestia. Como consecuencia, muchas personas tienden a evitar elogiar a su yo interior. Subestiman el valor de sus logros y evitan hablar de sus fortalezas. Pero no caigas en esa trampa. Si subestimas tu valor, los demás harán lo mismo. Después de todo, eso es lo que atraerás.

Las creencias limitantes son el culpable número uno que te impide alcanzar la versión soñada de ti misma. Una vez que las identifiques, tienes que trabajar duro para poder eliminarlas. ¿Por qué perder el tiempo odiándote a ti misma, cuando puedes alcanzar la grandeza? ¿Por qué te conformarías siquiera con menos de la vida que te mereces? Es imprescindible que sepas cuáles son esas creencias para poder luchar contra ellas de una vez por todas. No debes dejar que nadie, ni siquiera tú misma, te impida andar tu propio camino en la vida.

Construir la confianza tiene una importancia primordial aquí. Deja que los demás vean quien eres de verdad, como la versión con la que has soñado todo este tiempo. Mantente enfocada y sé fiel a ti misma, nunca dejes pasar la mínima oportunidad de brillar. Sé que al principio esto parecerá lo opuesto a lo que te han enseñado a creer. Evitar alardear de uno mismo siempre ha sido la norma. Sin embargo, debes ser consciente de tu grandeza. Tienes que confiar por completo en tus habilidades para que los demás crean lo mismo. De esta manera, la Ley de la Atracción funcionará a tu favor.

En caso de que te estés preguntando cómo lograrlo, se necesita tiempo y dedicación. No hay más lugar para que dudes de ti misma. No puedes dejar más que los demás definan quién eres. Eres una persona fuerte e independiente; eres digna de amor, abundancia, éxito, riqueza y cualquier otra cosa que te hayas propuesto lograr en tu mente. Algunas otras técnicas increíbles que pueden serte útiles incluyen la escritura y las afirmaciones positivas. Intenta llevar un diario, en el que puedas escribir lo que piensas de ti misma. ¿Por qué estás orgullosa de quién eres y en lo que te quieres convertir? Luego, usa esas afirmaciones para cultivar ese sentimiento positivo dentro de ti. Nutre tu mente con la versión soñada de ti misma para proyectarla hacia el mundo y atraerla de inmediato.

Obviamente, existen distintas técnicas que pueden ayudarte a alcanzar tus objetivos de manifestación de una forma más eficiente. Puedes probar con la técnica de liberación emocional (en inglés, *EFT tapping*), ejercicios para liberar la tensión (en inglés, *TRE*) y la autohipnosis. Estas herramientas te permitirán elevar las frecuencias vibratorias de tu cuerpo y acercarte a tu meta de experimentar la Ley de la Atracción en todo su potencial.

La vibra maravillosa del *EFT Tapping*

¿Alguna vez has deseado poder hackear tu cerebro y mejorar tu rendimiento? ¿Alguna vez te has preguntado si existe una forma de optimizar el funcionamiento de tu mente, de modificar lo que crees que te ha estado impidiendo alcanzar la grandeza? Odio ser quien te trae las malas noticias, pero la verdad es que tu cerebro no viene con un manual de instrucciones. Si lo hiciera, podrías analizar cada una de las páginas y aprender a dominarlo con el tiempo. Sin embargo, existen distintas técnicas que hacen exactamente lo mismo. Una de ellas es la técnica de liberación emocional (en inglés, EFT: *Emotional Freedom Technique*), también llamada *tapping*. De acuerdo con la EFT, puedes cambiar tu frecuencia vibratoria a través de pequeños golpecitos que te das en partes específicas de tu cuerpo. De esta manera, puedes influir en tu energía y atraer frecuencias igual de elevadas a tu vida (Anthony, 2017).

La EFT se concentra en los puntos meridianos de tu cuerpo, por lo que muy a menudo se asemeja con la acupuntura. Mientras te das golpecitos en la parte externa de la palma de tu mano, en el tercer ojo sobre la frente, en las mejillas o en la parte superior de la cabeza, te animo a que repitas afirmaciones positivas sobre ti misma. Aunque tal vez te sientas algo incómoda al principio, sentirás de inmediato un impulso en tu espíritu. A medida que avances con esta técnica, notarás que tu claridad mental se dispara. Sentirás menos dolor físico y tu estado de ánimo desde luego mejorará.

A continuación, voy a guiarte a través de dos sesiones de *EFT tapping* paso a paso. Son muy sencillas, pero absolutamente brillantes. La primera apunta a dejar ir las creencias que te limitan, mientras que la segunda te permite atraer eso que tanto deseas atraer.

Libera las creencias limitantes

Puede ser difícil lidiar con las creencias duraderas que siguen tirándote abajo en lugar de llevarte hacia donde quieres ir. Es verdad que la mayoría de nosotros nos aferramos a esas creencias y solemos sabotear el rumbo de nuestra vida. Nos sentimos incapaces de cambiar y siempre volvemos a los mismos patrones: es un callejón sin salida que tenemos que evitar a toda costa. Para poder hacer esto, primero tenemos que identificar esas creencias que nos limitan. Luego, después de saber a qué nos estamos enfrentando, nos enfocaremos en revertir la situación.

Primero que nada, quiero que cierres los ojos. Piensa en una creencia negativa limitante. Puede ser cualquier cosa, como la convicción de que nunca serás lo suficientemente buena como para tener éxito o tu miedo a confrontar a los demás. Tal vez te ves a ti misma como una persona perezosa, alguien que no tuvo una buena educación o una persona que no merece ser amada. Elige esa cosa que te causa la mayor incomodidad. Ahora, respira profundo y repite lo siguiente: "Soy una persona perezosa, pero lo acepto. Me amo a pesar de ello". ¿Cómo te hace sentir eso?

Después de hacer eso, comienza a dar pequeños golpecitos en la parte externa de la palma de tu mano y repite la misma frase. Luego, avanza hasta la zona entre tus cejas. Comienza a repetir lo que crees que eres, pero esta vez concéntrate en tus acciones. Más específicamente, concéntrate en las acciones que contradicen tu acusación. Por ejemplo, si crees que eres una persona perezosa, piensa en todas las veces que has demostrado lo contrario. Todos esos entrenamientos duros, las veces que has completado un proyecto a tiempo o los eternos días de estudio. Sigue con los golpeteos, pero esta vez mueve tus dedos justo al lado de tus ojos. Luego continúa por debajo de los ojos y en tus pómulos.

La técnica del *tapping* es una forma maravillosa de relajarte. Golpetea tu mentón, luego justo por encima de tu labio superior. Sigue repitiendo que la opinión que tienes de ti misma es incorrecta. Ahora, comienza a dar golpecitos a ambos lados de tu pecho. Poco a poco experimentarás una sensación estimulante que te abrumará por completo. Usa las afirmaciones positivas para creer en lo más profundo de tu interior que no mereces ser definida como una persona perezosa. Golpetea la zona debajo de tus brazos y respira profundo de nuevo. Si intentas repetir tu creencia inicial, te sentirás mucho más liviana. Intenta hacer la misma rutina durante una semana y los resultados te sorprenderán.

Atrae lo que quieres

Siguiendo un patrón similar, tendrás que reforzar tu creencia de que lo que quieres en verdad te quiere a ti. Es una sensación muy poderosa y debes sentirte lo suficientemente confiada como para lograrlo. Primero, golpetea con cuatro dedos la parte externa de la palma de tu mano. Comienza a decir afirmaciones positivas, como la siguiente: "Elijo creer que lo que quiero me quiere. Me amo y me aprecio. Además, respeto quien soy. Me honro a mí misma". Avanza hacia el tercer ojo y repite lo mismo: "Me amo y sé que soy digna de aceptar lo que quiero. Lo que quiero ya está en camino y creo en mí misma".

Después del tercer ojo, avanza hasta debajo de los ojos. Luego, golpetea la zona del labio superior y tu mentón. Repite afirmaciones similares que te harán sentir mejor: "Sé que lo que quiero está disponible para mí. Estoy dispuesta a recibirlo". Después golpetea tu garganta y la zona debajo del brazo. Una vez que termines, comienza de nuevo. Vuelve a dar golpecitos en el tercer ojo y reconoce que tú misma te has impedido recibir lo que quieres: "Elijo creer que he resistido lo que quiero. Ahora estoy dispuesta a recibirlo. No me voy a reprimir más".

Cuando ya te sientas lo suficientemente bien, comienza a dar golpecitos en la parte superior de tu cabeza y repite lo siguiente: "Me siento bien con el hecho de que lo que quiero me quiere, y estoy lista para recibirlo en mi vida". Esta afirmación es la forma perfecta de terminar esta sesión. Disfruta la misma sesión las veces que lo necesites para poder abrirte a nuevas posibilidades.

Ejercicios para liberar la tensión y autohipnosis

La energía negativa nos mantiene en una frecuencia baja. Lo que sea que te mantiene en un estado de estrés te impide disfrutar de verdad los beneficios que derivan de la Ley de la Atracción. Para poder abrirte a los maravillosos efectos de las frecuencias elevadas, tienes que lidiar con los problemas subyacentes del pasado. Acéptalo: el pasado puede ser abrumador. Puede ser sobrecogedor, puede entrar sigilosamente sin que nos demos cuenta. Sin embargo, hay formas de ajustar cuentas, hacer las paces y aceptar nuestros traumas del pasado. Una técnica excelente que se usa para liberar la tensión causada por el estrés es la de TRE.

TRE, por sus siglas en inglés, se refiere a ejercicios para liberar la tensión y los traumas (*Tension and Trauma Release Exercises*). Es, de hecho, un método natural que puedes observar en el reino animal si prestas atención a las señales. Cuando ves que un perro se asusta por una amenaza inminente, es muy probable que veas que comienza a temblar. A través de este movimiento repetitivo, el perro libera su tensión. Por lo tanto, temblar puede ayudar a restablecer el equilibrio en la frecuencia dentro de tu cuerpo. Tu cuerpo estará más relajado y vibrará de una forma positiva (Emma Claire Donovan, 2019).

Puedes poner en práctica los TRE simplemente aplicando presión en ciertos músculos del cuerpo. Un buen ejemplo podría ser apoyarte contra una pared mientras estás de pie y tocar la pared con la espalda. Comienza despacio. Abre un poco las piernas. Haz como si fueras a sentarte; baja tu cuerpo despacio y dobla las rodillas. Una vez que sientas que los músculos de las piernas están trabajando, mantén la posición. Poco a poco, notarás que tus piernas comienzan a temblar. Empuja lo más que puedas sin causar malestar.

En su defecto, puedes recostarte boca arriba; haz lo que te parezca más cómodo. Dobla las rodillas para que tus pies toquen el suelo. Ahora, intenta elevar un poco el torso y las caderas. Tus piernas comenzarán a sentir el esfuerzo y en algún momento comenzarás a temblar. Si sientes que esta experiencia es demasiado para ti, entonces detente. Estira y sé consciente del proceso. Repite la misma sesión una y otra vez y disfruta la liberación terapéutica de la tensión. Estos temblores reconfortantes te permitirán deshacerte del exceso de energía. En muchos casos, esa es energía estancada que estuvo dentro de tu cuerpo todo este tiempo.

Una vez que estés totalmente relajada, puedes recurrir a la

autohipnosis para manifestar tus deseos. Esta es otra herramienta muy útil que te permitirá ampliar tus horizontes. La autohipnosis es algo que puedes hacer por tu cuenta desde la comodidad de tu hogar. Allí, acurrucada en tu refugio, eres libre para crecer, para abrirte a nuevas experiencias y para recibir los regalos que has estado destinada a recibir a lo largo de tu vida. Crea un ambiente relajante; escoge música suave de fondo, velas perfumadas y una habitación acogedora. Siéntate cómodamente en una silla o en un sofá. Vístete con ropa liviana y mira hacia arriba.

Por supuesto, ni siquiera hace falta decir que debes prestar atención a la temperatura, así como a cualquier otro detalle que pueda estorbarte. Por ejemplo, si sientes mucho calor, no puedes entrar en un estado de hipnosis. El calor te distraerá y no lograrás ese estado de inconsciencia para poder dejar ir tu mente consciente. Lo mismo ocurre si hay ruido constante a tu alrededor. Asegúrate de que puedes dedicarle tiempo a la hipnosis antes de avanzar con la sesión. Es mejor hacerlo cuando estés a solas en casa o al menos cuando puedas disponer de un espacio personal para ti libre de distracciones.

Concéntrate en tu respiración mientras te repites a ti misma que estás muy cansada; tienes que quedarte dormida. Al cabo de unos minutos, notarás que tus músculos comienzan a relajarse. Inhala y exhala lentamente, disfruta del silencio y de la armonía absoluta que te rodean. A medida que te familiarices con la autohipnosis, comenzarás a incorporar afirmaciones positivas en esta sección. Repetirás en tu mente las cosas que quieres lograr en la vida. ¿Qué quieres atraer? Visualiza esas cosas en colores vívidos. Agrega tantos detalles como quieras y concéntrate en la convicción de que estás camino a atraer todo eso y más con el paso del tiempo. Cuando estés lista para regresar, empieza a contar del uno al cinco. No te apresures; por el contrario, tómate tu tiempo y hazte consciente de todo lo que te rodea.

La primera vez que practiques la autohipnosis puede ser un poco incómoda. Tal vez te sientas algo mareada cuando regreses a un estado de consciencia. Sin embargo, te saldrá cada vez mejor. Después de un par de sesiones, te llevará mucho menos tiempo lograr un equilibrio entre la mente consciente y la subconsciente. Además, los beneficios que recibes de la hipnosis se intensificarán en tanto sigas con ese patrón. ¡Inténtalo e indaga en los misterios de lo que está en tu interior!

DESPIERTA TU ENERGÍA
FEMENINA DIVINA Y LOGRA
TODO LO QUE TE PROPONGAS

¿Acaso eres consciente de la energía femenina divina que tienes en tu interior? Has sido bendecida con una fuerza poderosa y tal vez ni siquiera lo sabes. En mi libro *Feminine Energy Awakening* (Despierta la energía femenina) me he centrado sobre todo en cómo cada uno de nosotros puede despertar esa energía preciosa. Es un proceso que cambiará tu vida y abrirá tu mente a un mundo completamente nuevo. En vez de sentirte atrapada e incapaz de liberar esta energía que está ardiendo en lo más profundo de tu ser, lo que tienes que hacer es encontrar una forma de canalizarla. Atrae esa energía y deja que te ilumine. Cuando lo hagas, verás cómo tu vida se transforma por completo y se asemeja exactamente a lo que siempre imaginaste que sería.

Eres un ser único y no debes estar avergonzada de tu naturaleza única. Por el contrario, tienes que aceptarla. Solo después de que hayas comprendido tu grandeza serás capaz de brillar. Es un proceso largo que implica buscar en lo más profundo de tu alma. No será nada fácil. Hay muchos obstáculos por delante, pero en mi libro encontrarás todas las guías prácticas útiles que necesitas. Estas guías allanarán el camino para que tú lo recorras y descubras tu propósito en la vida. Tienes que liberar toda la energía negativa y alinearte con tus propios sentimientos positivos. Al abrir tus chakras, serás capaz de llegar a tu yo espiritual. A través de esta experiencia de despertar tu energía femenina divina, sabrás que te mereces ser amada y valorada.

A pesar de lo que muchas personas afirman, esto no es una competencia entre géneros. No tiene sentido comparar las virtudes de los hombres o de las mujeres. No se trata de quién es mejor. De hecho, no existe una razón por la que deberíamos discutir sobre eso. Esto solo te distraerá de tu propósito más profundo, el cual es descubrir tu ser superior. ¿Cómo puedes hacerlo cuando las anclas pesadas de las emociones negativas nos tiran abajo? Los hombres y las mujeres no deben contrariarse entre sí; por el contrario, deben respetarse y trabajar en conjunto para alcanzar la grandeza.

Eres especial: cuanto antes te des cuenta de ello, mucho mejor será. Cuando te enfocas en los demás, te alejas de tu camino hacia la plenitud personal. ¿Por qué te harías eso a ti misma? Tu entidad es divina. Te impulsa el poder eterno de la energía femenina que te permite alcanzar tus objetivos. Tienes que nutrir y valorar esta energía. No dejes que los demás te arrebaten esa maravillosa oportunidad de llegar a lo más alto. Este es el momento de demostrar lo que vales y de mostrar al mundo lo que eres capaz de lograr.

La energía femenina divina es de una importancia excepcional para que puedas revelar al mundo tu personalidad única. Si estás decidida a encarnar tu grandeza eterna, tienes que enfocarte en cómo despertar esa energía. Por culpa de los estándares sociales, los vínculos personales, los traumas del pasado y las limitaciones que otros imponen sobre ti, tu energía divina se ha mantenido latente. Si en verdad quieres destacarte y llegar a tu yo superior, tienes que liberar este poder y cosechar los beneficios.

El rol de la energía femenina divina

Uno de los elementos clave en tu camino para adjudicarte todas estas cosas maravillosas en la vida es estar en contacto con tu energía femenina. A diferencia de lo que muchas personas creen, la feminidad no tiene que ver con el género. Tómate un momento para pensar en la antigua filosofía china. En ella existen los símbolos del Yin y el Yang, que representan los opuestos que coexisten en una entidad. Para poder lograr un equilibrio, los opuestos son igual de importantes: no puede concebirse la vida sin ellos (Cartwright, 2018).

En la sociedad actual se les ha prestado mucha atención a los rasgos masculinos. Hasta las mujeres han reprimido sus propios rasgos distintivos solo para poder encajar. La masculinidad, por supuesto, puede tener sus ventajas. La lógica es primordial, junto con la determinación, la fuerza de voluntad y la audacia. Sin embargo, un individuo necesita mucho más que eso. ¿Dónde están la riqueza emocional, la creatividad y el afecto? Aquí es donde aparecen los atributos femeninos para salvar el día. Como podrás ver, cada persona tiene que andar con cuidado entre su lado masculino y su lado femenino. Esta es la única forma de lograr ese precioso equilibrio en la vida.

Estoy segura de que ya tienes una idea clara en tu mente de cómo tu energía masculina y tu energía femenina tienen que trabajar juntas. ¿Cómo puede ser posible? Bueno, es una cuestión de prioridades. Cuando quieras establecer una meta, tienes que sacar a relucir tu energía masculina. Entonces, antes de continuar, esto es lo que debes hacer. Organiza todo, establece tus metas en un plan factible. Determina el periodo de tiempo en el que esperas cumplir tus objetivos. Apégate al plan y sigue adelante con él sin importar lo que suceda.

Después de hacer todo esto, habrás creado una base sólida. Tal vez lo más importante de todo es poder recibir las cosas buenas que has anticipado al momento de establecer tus metas. Este es el momento en el que tu energía femenina aparece una vez más para que puedas recibir. ¿Qué es lo que esperas recibir con tantas ansias? ¿Acaso es dinero, fama, crecimiento personal, amor o afecto? Abre tu mente y prepárate para aceptar estas cosas increíbles. Tal vez no vengan a ti de inmediato, pero llegarán. Con tal de que tu energía femenina esté a cargo, no tienes nada que temer.

¿Acaso suena contradictorio para ti? Échale un vistazo a tu trabajo, por ejemplo. Te han asignado un proyecto muy importante. Este es un proyecto urgente que depende única y exclusivamente de tu desempeño. Si tu energía masculina estuviera siempre a cargo, ¿qué harías? Te propondrías la meta de completar el proyecto y te exigirías al máximo todo el tiempo. ¿Crees que esto te permitiría completarlo a tiempo? Lo más probable es que te sentirás agotada y exhausta y te faltará tanto energía como creatividad. Tarde o temprano, tendrás ganas de un cambio.

Cuando te tomes un descanso, te tomes una buena siesta para recargar energías o salgas a caminar, te aliviarás de esa presión constante. Después de esa pequeña pausa, no hay dudas de que tu rendimiento mejorará. Aunque seguir con tu plan inicial puede haberte dado la reconfirmación de que estás dando lo mejor de ti, la verdad está lejos de eso. ¿Qué puedes aprender de este ejemplo? A veces es mejor confiar en tu instinto. No tiene sentido ir a los extremos solo porque crees que siempre podrás lidiar con los desafíos que se te presenten. Trabajar duro no siempre es la respuesta. En ocasiones, un enfoque femenino es mucho más efectivo en la vida.

Es primordial que construyas la confianza a tu alrededor. Sin confianza y sin seguridad no podrás lograr tus metas. ¿Cómo puedes alcanzar el amor a menos que confíes en que el amor vendrá hacia ti? Aunque tu intelecto dicte lo contrario, tienes que cultivar esa confianza y sentarte a esperar. Cuando lo hagas, te permitirás recibir el regalo del amor. Si te mantienes todo el tiempo en movimiento, como tu energía masculina te lo hubiera sugerido, ¿cómo podrías ser capaz de recibir amor?

Revela el poder que está dentro de ti

Ahora que conoces lo importante que es que descubras esa fuente oculta de energía en tu interior, es momento de que descubras cómo hacerlo. Estoy segura de que te sientes un poco abrumada por la posibilidad de despertar una energía tan poderosa para poder experimentar tu verdadero potencial. ¿Cómo puedes revelar esta fuerza mística y dejar que haga su magia? Por suerte, existen muchas cosas que puedes hacer. Todos estos pequeños cambios en tu vida se sumarán para hacerte más consciente y acercarte más a tu yo superior.

Tienes que tener un diario, ahora y siempre. Un diario servirá para llevar un registro de tu progreso y mostrarte cómo debes seguir adelante. No es necesario aclarar que es un proceso largo y te llevará tiempo comprender cómo tu cuerpo, tu mente y tu alma se alinean por completo. En tu diario puedes escribir todas las cosas que te han ayudado en tu vida y, al mismo tiempo, puedes mencionar todas las pequeñas cosas que crean un obstáculo en tus intentos. Puedes emplear la técnica de "prueba y error" para explorar lo que se adapta mejor a tus propias necesidades.

Luego es importante que sanes a tu niña interior. Deshazte de todos los conflictos, los complejos y los traumas del pasado: ellos impiden que contactes a tu energía divina. No cabe duda de que tienes que lidiar con lo que te ha sucedido en el pasado. Si no lo haces, no podrás anticipar todos los beneficios maravillosos que se revelarán frente a tus ojos. Para sanar las heridas, tienes que ocuparte de los problemas y resolverlos. Es un proceso arduo, por supuesto, y muchas veces desafiante. Sin embargo, tienes que hacerlo antes de reclamar lo que te pertenece por derecho. Si no, ¿de qué otra forma podrías seguir adelante con tu vida?

Las afirmaciones positivas te ayudarán a hacer las paces con tu propia energía femenina divina. Podrás usarlas como una forma de creer en tu divinidad. Incluso si al principio estas afirmaciones te hacen sentir incómoda, tienes que hacer un esfuerzo y aceptarte como eres. No hay lugar para la modestia. Eres una persona única, y tienes que creer en ello antes de alcanzar ese momento en tu vida en el que te cubrirás de energía femenina divina. Entonces, cuenta tus increíbles cualidades para fortalecer tu autoestima. Pronto verás todo lo que te mereces.

Además de reconocer lo que vales, también debes estar agradecida por lo que ya tienes. Agradece lo que tienes y da gracias por las personas que te rodean. Da gracias por tu salud y por todas las oportunidades que han llegado a tu vida hasta ahora. Debes darte cuenta de que la vida está colmada de regalos y que ya has recibido muchísimos. Tómate un momento para pensar en ello. Quizás has sido bendecida con una pareja amorosa o hijos felices. Tal vez tu carrera está en ascenso. Tus amigos, tus conocidos y tu círculo social también son personas por las que deberías estar agradecida, a menos que sientas que son tóxicas. En ese caso, está en ti decidir que no formen parte de tu vida.

Si en verdad quieres sentir una calma absoluta y comunicarte con tu energía interior, prueba con el reiki y la meditación. De esta manera, poco a poco revelarás tus defensas. Mirarás a través del cristal y verás tu reflejo sin distorsiones. Ponte en contacto con tus centros de energía y tus chakras para revelar tu poder. Para aumentar tu claridad mental tienes que remover las cosas que han nublado tu capacidad de juicio. Descubre la verdad y llega a lo más profundo de tu espiritualidad. Relájate y suelta las preocupaciones. Deja ir todo lo que te ha estado preocupando, lo que te ha impedido ver lo que está para ti ahí afuera.

Eres más que bienvenida a leer mi libro *Feminine Energy*

Awakening (Despierta la energía femenina) para descubrir una guía detallada sobre cómo despertar esta fuerza pura en tu interior. Estaré más que encantada de poder ayudarte a llegar hasta tu yo superior y aceptar tu naturaleza divina. Va a ser un viaje espectacular hacia la conciencia de uno mismo. El mundo es tuyo y existen tantas cosas que puedes hacer. ¿Por qué te conformarías con menos de lo que te mereces en esta vida?

✦ 4 ✦
ENCUENTRA TU DHARMA Y
CONVIÉRTETE EN UN IMÁN
DE ABUNDANCIA

¿Estás ansiosa por sentir éxtasis y regocijo en tu vida? Entonces tienes que encontrar tu dharma. No existe otra forma de alcanzar la prosperidad genuina y sentirte bendecida cada día de tu vida. Después de todo, primero somos seres espirituales. Nuestra forma humana es solo un descanso de nuestra espiritualidad eterna. Primero comencemos con un reconocimiento. Todas las personas tienen un propósito especial en su vida: este es el regalo exclusivo que todos hemos recibido y que estamos destinados a compartir con el resto del mundo.

Cada uno de nosotros ha llegado a este mundo para descubrir su verdadera esencia. Tenemos que expresar nuestros talentos; si no, los vamos a desperdiciar. Sin embargo, es necesario que entendamos lo que significa tener un talento especial. Piensa en tu vida. ¿En qué eres buena? De hecho, ¿en qué puedes decir que te destacas sin pensarlo dos veces? Tal vez cantas bien, bailas bien, sabes construir casas o cocinas rico. Algunas personas son buenas en las actividades creativas, mientras que otras son más prácticas. No importa en lo que sea que te destaques, sin dudas tienes que seguir haciéndolo.

Algunas personas pueden decir que tu talento es tu forma de hacer dinero, que esa es la forma de ganar fama y riqueza en un mundo materialista. Sin embargo, no podría estar más alejado de la verdad. Tienes que concentrarte en ayudar a los demás. Servir a la humanidad es de una importancia primordial. Más adelante, esto te ayudará a alinearte perfectamente con la Ley del Dharma. En lugar de competir con los demás e intentar parecer ser la mejor en lo que haces, acepta tu verdadera vocación. Dedica tu vida a hacer algo que beneficiará a la comunidad en conjunto. ¿Eres una maestra excepcional? Entonces enseña y deja que los demás aprendan de tus enseñanzas.

"¿Cómo puedo ayudar al mundo? ¿Qué puedo ofrecerle al mundo? ¿De qué manera mis dones únicos harán de este mundo un lugar mejor, más alegre o más eficiente?". Estos no son solo deseos. En lugar de una discusión teórica, esto debe convertirse en el núcleo de tu comportamiento. En lugar de intentar dominar a los demás, tienes que ponerlos en el foco de atención. Tu talento y tus bendiciones están aquí para ayudar. Los has recibido para mejorar al mundo. No ignores este propósito, tu propósito. Realiza tu destino trayendo alegría y felicidad a toda la humanidad.

Una vez que te deshagas de esa lucha constante por imponerte, te sentirás mucho más liviana que nunca. Tan pronto como dejes de monetizar todo, te darás cuenta de que te has estado tirando abajo todo este tiempo. La vida no es una competencia. El mundo no está lleno de enemigos, de personas a las que tienes que superar para avanzar casilleros. No tiene sentido hacer sentir mal a los demás solo para ponerte a ti misma en un pedestal. Jamás alcanzarás la grandeza a menos que demuestres que eres altruista y que pones el bien común antes que cualquier otra cosa.

En la sociedad moderna, servir a los demás puede sonar contradictorio a lo que nos han enseñado desde que éramos pequeños. La competitividad siempre ha sido vista como una verdadera virtud y quienes sobresalen en un cierto ámbito son vistos como líderes. Son quienes cosechan los frutos de su ardua labor, siempre en comparación con el resto del mundo. Aún si lo hiciéramos, no podríamos experimentar el verdadero significado de la solidaridad. No podríamos entender lo bien que se siente ayudar a los demás sin estar pensando en la posibilidad de sacar algún provecho del proceso.

Tan pronto como te quites las cargas que te han agobiado todo este tiempo, cambiarás tu actitud de inmediato. Comenzarás a ver las cosas desde una nueva perspectiva y tu mundo cambiará por completo. No serás más esclava de tus propios deseos y beneficios personales; serás libre para disfrutar la vida tal como es en realidad. Aquí es donde la magia comienza. La gloria del mundo se abre frente a tus ojos y comenzarás a atraer la abundancia sin ningún esfuerzo. Suena increíble, ¿verdad? No desperdicies más tiempo. Encuentra tu dharma y deja que la vida revele el propósito especial que tiene para ti.

Haz algo para manifestar la abundancia

Algunas personas piensan que las cosas buenas llegan a quienes han sido bendecidos. Hay personas que son lo suficientemente afortunadas de recibir muchas bendiciones en su vida y realmente no tiene sentido intentar reclamar lo mismo para la tuya. Si algo llega a tu vida, bien por ti. Si no, tal vez no tenía que suceder. Bueno, a pesar de que sí dije que la grandeza llega sin ningún esfuerzo, esto no quiere decir que tienes que quedarte sentada sin hacer nada. Por el contrario, debes asegurarte de que vas por buen camino. La mejor forma de hacerlo es encontrar tu dharma. Comprende cuál es tu propósito en la vida y enfócate en cómo provocar alegría en la vida de alguien más. ¡Es así de fácil!

Entonces, ¿qué es lo que tienes que hacer para llegar de verdad hasta tus pensamientos más profundos? ¿Qué es lo que te impulsa hacia tu yo superior? Es indispensable que todo eso quede claro antes de reevaluar las prioridades en tu vida. A muchas personas les es útil escribir un diario. A través de la escritura, puedes identificar tus debilidades y revertir una situación negativa. Cuando escribes algo, inmediatamente lo conviertes en algo más tangible. De esta manera, no hay forma de pasarlo por alto. Lo que has escrito ahora es parte de tu realidad. El proceso de escritura te permite identificar los errores en el camino para evitar volver a cometerlos. Es una forma muy buena de comenzar, pero no es suficiente.

La meditación es otro método muy utilizado para que las personas puedan alcanzar su presencia espiritual. Te entregas a las sesiones diarias de meditación cuando te conectas con tu yo interno. De esta forma, calmas tus sentidos y te conectas con la nada. Esto es muy importante porque te permite conectar profundamente con la fuente de tu energía. No importa lo provechosa que sea la meditación, esta no hace maravillas. Si te quieres relajar, la meditación es una gran herramienta para liberar tensiones e introducirte en una calma absoluta. Sin embargo, hace falta mucho más que eso para atraer abundancia a tu vida. Como ya dije antes, tienes que pasar a la acción. Tienes que hacer algo que te permita cambiar tu vida.

Descubrir cuál es tu talento singular en la vida no es suficiente. Una vez que descubras cuál es, no debes ignorarlo. ¿Por qué querrías ignorar tu talento, tu inclinación natural en la vida? Has recibido este regalo para que hagas algo con él. Si vas a desperdiciarlo, bien podrías dejar de intentar que tu vida mejore. Por el contrario, tienes que canalizar tu talento de forma tal que brinde algo al resto del mundo. Si eres una gran costurera, ¿por qué no lo aprovechas para crear prendas increíbles para quienes las necesitan? Si eres una gran escritora, ¿por qué no dedicas algo de tiempo a enseñar escritura creativa? Tienes un sinfín de opciones que están esperando a que las aproveches.

Cuando descubres tu talento y dejas que se marchite, no solo te haces daño a ti misma. Sería un comportamiento autodestructivo, pero solo te involucraría a ti. Serías la única culpable de que no alcances tus ambiciones, tus esperanzas y tus sueños. Sin embargo, la verdad también apunta a otro aspecto. Estás privando al mundo de la oportunidad de beneficiarse de este talento. No les demuestras a los demás de qué estás hecha y solo te conformas con menos. Esto resulta en muchas menos oportunidades para destacarte. ¿Cómo puedes pretender elevar tu espíritu y regocijarte? Un talento está destinado a ser compartido para un propósito mayor y te permite alcanzar la divinidad.

Un talento no es solo un don que se le concede a una persona determinada, sino a toda la humanidad en conjunto. El mundo alcanzará un equilibrio si todos usan sus talentos para el bien. Por lo tanto, es tu deber compartir tu talento con el mundo. No está en ti la decisión, porque no eres responsable de adquirir el talento en primer lugar. Tan pronto como lo entiendas, será más evidente lo que siempre has estado destinada a hacer todo este tiempo. Ya no tendrás dudas sobre si debes perseguir tus sueños o seguir el camino que indique tu intuición. Solo recuerda, practicar tu talento debe hacerte sentir feliz, satisfecha y plena.

Sé que debes estar algo confundida por lo que tienes que hacer. Tal vez no sabes cómo actuar para recorrer el camino hacia el éxito. Incluso si tienes el talento, ¿cómo puedes canalizarlo de manera significativa? ¿Qué pasa si no estás segura de tu talento en primer lugar? Deepak Chopra ha analizado las siete leyes espirituales que nos llevan a una vida exitosa. Estos son los medios que te acercarán a tu ser divino. A continuación, podrás leer todo sobre estas leyes, las cuales sirven de guías que puedes seguir. Asegúrate de que tu vida esté organizada de una forma tal que te permita respetar y amar a los demás.

Un vistazo a las siete leyes espirituales del éxito

En su libro *Las siete leyes espirituales del éxito*, el doctor Deepak Chopra revela cómo alcanzar tu divinidad al encontrar tu naturaleza espiritual eterna. Contrario a lo que tal vez piensas, no existe una razón para que te esfuerces sin parar y te exijas hasta el límite. Si observas la naturaleza, ¿qué es lo que ves? Un árbol crece a partir de una semilla, sin poner nada de esfuerzo en el proceso. Es algo natural, algo que simplemente sucede. De manera similar, deja que tu espíritu sea libre y disfruta ver cómo te conviertes en ese ser divino que siempre estuviste destinada a ser.

Existen siete leyes espirituales que te guiarán en tu camino para alcanzar el éxito. La primera es la *ley de la potencialidad pura*. Es un momento en el que debes disfrutar del silencio; lo ideal sería meditar una o dos veces por día. Durante este tiempo, quédate quieta y acepta todo sin juzgar. El mundo está lleno de potencial en su forma más pura. Continuamos. La segunda ley es la *ley de dar y recibir*. Este es un método excepcional para hacer felices a los demás. Puedes darles un regalo: no tiene que ser algo muy caro. Solo debe ser un pequeño gesto para demostrar cuánto piensas en los demás. Incluso un cumplido es suficiente. Cuando otros te dan un regalo o un cumplido, acéptalos con una gran sonrisa en el rostro. Dar y recibir son dos lados diferentes de la misma moneda.

La próxima es la *ley del karma*. Cada acción en tu vida genera la misma cantidad de energía. Esta energía está dirigida a ti; si le haces daño a alguien o le causas dolor, esto volverá hacia ti de inmediato. Por lo tanto, debes asegurarte de que solo traigas felicidad al mundo. Como resultado, te llenarás de amor y felicidad. El karma es una palabra que se usa muy a menudo en la sociedad moderna, pero que rara vez se emplea de forma correcta. No es una cuestión de venganza. No importa lo que pienses que representa el karma, es solo un reflejo de la Ley de la Atracción.

La cuarta es la *ley del menor esfuerzo*. De acuerdo con este principio, tienes que aceptar a los demás tal y como son. No trates de cambiarlos. De la misma manera, acéptate a ti misma y sé responsable de tus acciones. Si te quedas sin energía todo el tiempo solo para ver que los demás se aferran a sus patrones de comportamiento pase lo que pase, eso te hace daño a ti y no a ellos. En cuanto lo entiendas, verás que no te corresponde modificar las actitudes de otras personas. En cambio, en lo que tienes que enfocarte es en aceptarlas. Tienes que aceptarte a ti misma antes de aceptar a cualquier otra persona en tu vida.

La *ley de la intención y el deseo* es otra manera maravillosa de alcanzar el éxito. Tienes que reconocer que cada deseo viene con su resultado. Es un procedimiento inherente. En el caso de que un deseo no se cumpla, tienes que entender que hay un motivo detrás de ello. De lo contrario, sin duda lograrás lo que deseas en la vida. El universo dará lo mejor de sí para alinearse y así puedas obtener lo que quieres. Sin embargo, hay cosas que no debes recibir en esta vida. Una vez que el universo se percate de ello, retendrá ese deseo.

A continuación, la sexta ley es la *ley del desapego*. Es importante que dejemos ser a los demás, sin forzarlos a cumplir con lo que tú deseas. Todas las personas deben ser libres de ser quienes quieran ser, sin restricciones impuestas por los demás. Incluso si quieres que alguien esté en tu vida, no puedes obligarlo. Siempre recuerda que la vida sucederá de la forma en la que está destinada a ser desde el principio. El desapego es importante a la hora de manifestar. Por lo tanto, ten en mente que no puedes pasar cada momento de tu vida aferrada a tus manifestaciones. No puedes desperdiciar el tiempo pensando siempre en lo que deseas. En cambio, debes dejarlo ir y ser testigo de la magia mientras sucede.

Por último, pero definitivamente no menos importante, es la *ley del dharma*. Como ya he mencionado, esto significa descubrir tu yo superior. Este es el destino final, el que te lleva exactamente a donde estás destinada a estar. De acuerdo con el talento singular que tengas en tu vida, se espera que lo uses para servir a los demás. Es tu propósito más profundo, el que te permite llegar a la cima. No le des la espalda a la solidaridad y al amor incondicional hacia la humanidad. Tu grandeza espiritual se desarrolla cuando realizas tu propósito. Está en tus manos descubrir las formas en las que puedes usar tu talento único para el bien. Recuerda que esto no solo beneficiará a la comunidad, sino que también regresará a ti como un manojo de energía positiva (Chopra, 1994).

5

MANIFIESTA AMOR

"Todo lo que necesitas es amor"; al menos así decían los Beatles en su magnífica canción (Wikipedia Contributors, 2019). Todas las personas quieren amar y sentirse amadas en este mundo. Es una sensación tan increíble que te hace sentir cálida por dentro. Junto con el amor llegan la intimidad, el respeto y la compañía. Dos personas comparten sus sueños y sus esperanzas. Comparten sus miedos y encuentran refugio en la otra persona. Es una de las experiencias más profundas de la vida. Muchas personas aseguran que les faltaba algo importante en sus vidas hasta que hallaron a su pareja. Incluso se refieren a su pareja como su "otra mitad" o su "media naranja".

Cada persona es libre de amar a quien de verdad la haga feliz. No existen los tabúes en el amor, ni intenciones ocultas, ni juicios de valor que se interpongan. Un sentimiento así de noble no debe mancharse con prejuicios o pensamientos negativos. Se supone que el amor debe llevarte hasta la luna, que debe elevar tu cuerpo y tu espíritu. Tus pies ya no están en el suelo; caminas por las nubes. ¿Quién puede interponerse y juzgar con quién decides compartir este sentimiento espléndido? Es una forma de arte pura, y en el arte no existen los límites.

El amor es una poderosa fuerza impulsora que nos motiva a alcanzar nuestra grandeza. Solemos ser mejores personas una vez que hemos encontrado a alguien que nos ama. Dejamos de lado nuestro egoísmo y hacemos cosas para beneficiar a otro ser humano. En otras palabras, servimos a la humanidad. ¿Acaso el dharma no se trata de eso? Como resultado, encontramos un nuevo propósito en la vida que nos hace mejores personas. A pesar de que hemos vivido en soledad todo este tiempo, ahora hemos descubierto una nueva forma de ver las cosas.

Sin embargo, el amor no es algo tan fácil de experimentar. Hay muchas personas que nunca han encontrado a alguien que los haga sentir así. Al mismo tiempo, hay quienes nunca han sido amados... o al menos no de la forma en la que esperaban ser amados. Esquivar al amor a lo largo de tu vida parece algo muy triste. Pero ¿por qué ocurre? ¿Por qué no todo el mundo encuentra a su otra mitad? ¿Es realmente tan difícil encontrar al amor de tu vida?

Desde que somos pequeñas, nos acostumbramos a esperar al Príncipe Azul: sabemos que él vendrá a rescatarnos. Sin embargo, ¿por qué querríamos que otra persona se haga cargo de nuestra vida en primer lugar? No tiene sentido sentirnos indefensas. El amor no tiene que ser *quid pro quo* (una cosa por la otra). Tienes que amar a alguien porque quieres, no porque tienes que hacerlo. Es importante que sepas que puedes sobrevivir sin amor. Eres la única que cambiará tu vida y le dará forma exactamente como siempre has querido. El amor te hará libre y te permitirá llegar a la cima. Esta no es una cuestión de supervivencia; por el contrario, es la búsqueda de la felicidad la que define nuestra necesidad de amar.

Después de dejar esto en claro, es necesario que apreciemos el significado de manifestar el amor. Si quieres atraer a la persona que vas a amar, tienes que saber cómo hacerlo. ¿Por qué desperdiciar el tiempo rodeada de personas a las que no encuentras atractivas? ¿Por qué pasar cientos de horas sintiendo pena por ti misma? En lugar de conformarte con una vida sin amor, tienes que tomar las riendas y clamar el nombre del amor. Tienes la llave para abrir la puerta y sentir eso que has anhelado durante toda tu vida. Nadie más es responsable de esto que tú.

Al manifestar el amor, tienes la oportunidad de atraer los sentimientos que quieres que los demás te demuestren. ¿Recuerdas todas esas noches eternas en las que imaginabas a la pareja de tus sueños? Ahora ha llegado el momento de reencarnar esos sueños. Llena de vida tus fantasías y acércate a lo que quieres saborear. La dulce agonía del amor, los recuerdos que se quedan grabados en tu mente, los saltos de adrenalina y los momentos mágicos que pasan juntos. Tu corazón se detiene y sientes que has encontrado a tu alma gemela. Suena increíble, ¿verdad?

Atrae a tu alma gemela

Conviértete en un imán de amor y atrae a la persona de tus sueños. Para hacerlo, tienes que proyectar amor. Si no, ¿de qué otra forma vas a recibirlo? Es cuestión de equilibrar las energías. Si no haces nada, evitas sentir emociones genuinas y tratas de levantar barreras todo el tiempo, eso es exactamente lo que obtendrás a cambio.

Una de las mejores formas de atraer el amor es a través de la técnica de *EFT tapping*. Ya te he enseñado en capítulos anteriores cómo cambiar las frecuencias vibratorias de tu cuerpo con esta poderosa técnica. En este caso, me centraré en el método de atraer a la persona que quieres e invitarla a entrar en tu vida. Para hacerlo, permítete disfrutar de una sesión simple pero muy efectiva. Lo que tienes que hacer es relajarte y dedicar unos momentos a dar golpecitos en deter-minados puntos específicos de tu cuerpo mientras repites afirmaciones románticas. Esto no solo elevará la energía que emites, también te permitirá calmar tus sentidos y concentrarte en lo que es importante.

Intenta deshacerte de cualquier distracción. Después de todo, cuando de sentimientos se trata, tienes que dedicar esos momentos a visualizar lo que quieres lograr. "¿Por qué quieres atraer amor?", "¿eres digna de ser adorada?", "¿qué te hace una gran persona de la cual alguien podría enamorarse?"; estas son algunas de las preguntas que tienes que responder a través de esta experiencia. Debes dejar todo esto en claro antes de poder seguir adelante y atraer a la persona de tus sueños.

Comienza despacio; convéncete de lo que ya deberías saber. "Me amo y me honro. Soy digna de ser amada y me merezco amar a alguien profundamente" debe ser tu frase para comenzar. Esto establece el tono de lo que viene a continuación, nada más y nada menos que tus afirmaciones de amor. Eres una persona independiente y poderosa que busca un afecto sincero. No estás dispuesta a conformarte con nada que no sea eso y es algo que no se negocia. Como has dejado la vara muy alta, lo más justo es que mantengas una concentración absoluta a lo largo de todo el proceso.

Si tienes alguna inseguridad, este es el momento adecuado para enfrentarlas. Cambia la forma en la que te sientes sobre tus supuestos "defectos" al señalar lo erróneos que son. Por ejemplo, ¿te has pasado toda la vida pensando que eres fea y que no mereces amor? Eso es lo que te ha tirado abajo y te ha impedido sentir la verdadera maravilla del afecto: debes cambiar esta creencia. Mírate a ti misma. ¿Qué es lo que te hace sonreír? Cuando sonríes, ¿has notado cómo tus ojos brillan? Es verdad: tú eres hermosa. Agrega eso a tu afirmación.

Comienza en la parte externa de las palmas de tus manos. Como siempre, debes seguir dando golpecitos en el rostro. La zona del tercer ojo, justo entre las cejas, debajo de los ojos, en los pómulos y debajo de la boca: son todos lugares excelentes para estimular la energía. Después, avanza un poco hacia abajo. Da golpecitos en la garganta, donde está ubicado otro centro importante de energía. Es decisivo para comunicar tus emociones y tus pensamientos. Luego debes golpetear por encima del pecho, hasta el corazón. Allí da golpecitos suaves y siente cómo tu cuerpo se alinea con los latidos de tu corazón. Ese es tu ritmo circadiano, así que disfruta de ese equilibrio perfecto que has logrado.

Termina tu sesión de *EFT tapping* con una respiración profunda. Estoy segura de que te sientes mejor y has aumentado tu confianza. Además, habrás mejorado tu enfoque sobre lo que tienes que perseguir en la vida. El amor no es algo distante, no es algo que está fuera de tu alcance. Sin embargo, tienes que acercar la mano y tocarlo. Incluso después de que hayas encontrado el amor, debes ser delicada y esforzarte siempre por fortalecer tu relación. No existe otro secreto para una relación sana que la honestidad brutal, el respeto incondicional y el trabajo arduo.

Compromiso en la relación

Estoy segura de que vas a lograr tu objetivo y que conseguirás a la pareja de tus sueños, en tanto que sigas las guías que he compartido contigo en este libro. Sin embargo, esto es solo el comienzo. Primero que nada, déjame felicitarte por haber manifestado a la persona correcta en tu vida. Ahora, debes acostumbrarte a la idea de que esa persona se quedará a tu lado mientras así lo desees. No existe una razón por la que no deberías aceptar eso de "hasta que la muerte nos separe", suponiendo que te gusta esa idea. Pero tenemos que aceptarlo: hay varios obstáculos a lo largo del camino que amenazan con destruir lo que ya has logrado.

Mantener una relación es tan difícil como atraer una para empezar. Debes asegurarte de que la relación siempre prospere mediante un proceso de evaluación constante. Cuando lo hagas, tienes que revisar el estado en el que se encuentra e informar cualquier falla negativa. De esta manera, podrás evaluar y reparar todo antes de tiempo. Sé que es más fácil decirlo que hacerlo, pero de todas formas tienes que estar atenta. Algunas personas tienden a dejar todo como está y se conforman con el hecho de que han encontrado a una persona especial en su vida. Simplemente dejan de intentarlo; es decir, se rinden y nunca hacen nada para intentar mejorar.

Si estás decidida a mantener una relación viable a largo plazo, debes recordar que tienes que regar la planta del amor. Esa es la única forma de asegurarte de que siga floreciendo y que nunca se marchite por la falta de cuidado. Sé que se espera que hagas mucho más de lo que estás acostumbrada, pero descubrirás que sin dudas vale la pena. Como ya has elegido a una persona determinada para que sea tu pareja, tienes que demostrar respeto y una profunda comprensión. No es solo cosechar los frutos de tu trabajo. Una relación es un organismo que vive y respira. Si no la alimentas, morirá tarde o temprano.

A pesar de que cada relación tiene sus altibajos, algo es seguro. Tienes que mantener vivo el fuego para poder conservar la pasión del principio. Recuerda qué es lo que te atrajo de esa persona y qué te hizo enamorarte de ella. ¿Por qué has llegado al extremo para conquistar su corazón? Es la misma persona que está parada frente a ti, pidiéndote que la ames por siempre. ¿Por qué has dejado de intentarlo? No existe nada peor que la indiferencia. Estoy convencida de que odiarías hundirte en una relación estancada. No contribuyas a ese deterioro; mejor dale un poco de aire fresco.

Deja que tu inspiración te guíe. Sorprende a tu media naranja, hazle saber que todavía te importa. No tiene que ser algo grande. Solo una flor o una notita en la mañana junto a la mesa de noche. Un mensaje de texto que le envías camino al trabajo en el que expresas tus verdaderas emociones. ¿Por qué no sales de tu zona de confort por un rato? Incluso si no sabes cocinar, pues inténtalo. Prepara una cena especial solo para ustedes dos. A tu pareja le encantará ese gesto. Incluso si el resultado no está a la altura, significará algo realmente maravilloso para tu relación. También celebra tus logros. Un aniversario es la norma, pero intenta encontrar otros eventos en su relación que se destaquen del resto. La primera vez que fueron de vacaciones a otro país o el día que se fueron a vivir juntos. Estas son pequeñas conquistas que debes atesorar toda tu vida.

Prepárate para perder algunas batallas. Incluso si así lo parece, les permitirá a ambos liberar algo de estrés y seguir adelante con las cosas buenas de su relación que les han permitido seguir durante todo este tiempo. El compromiso por defecto no es una mala estrategia, sobre todo si el premio es tu felicidad. No estoy diciendo que debes reprimir tus sentimientos o ceder ante exigencias imposibles. Por supuesto que no. Si eso ocurre, entonces no has atraído a la persona correcta a tu vida. Reevalúa tus prioridades, piensa qué es lo que en verdad quieres y proyéctalo al mundo.

Por último, pero no por eso menos importante, encuentra el equilibrio justo entre hacer cosas en pareja y darle algo de espacio a tu pareja para que respire. Parece complicado, pero lo lograrás. Solo piensa que es una oportunidad de ponerte al día con tus amigos, leer, comenzar un nuevo pasatiempo o simplemente relajarte. No tiene sentido pasar cada momento juntos con tu pareja; al final, ambos se sentirán sofocados. ¿Por qué vas a someter a tu relación a este calvario? En cambio, haz que cada momento que pasen juntos cuente. Hagan cosas que ambos esperen con ansias durante toda la semana. ¡Sus experiencias tienen que ser divertidas!

Ahora que hemos aclarado las dudas respecto de cómo manifestar amor, ¿qué opinas de atraer a una persona específica a tu vida? Estoy segura de que ya has fijado tu mente en alguien o estás bastante cerca de encontrar a la persona indicada. ¿Qué sucede después?

6

MANIFIESTA A UNA PERSONA ESPECÍFICA

Es asombroso reconocer que estás lista para amar y ser amada. Esto demuestra que has madurado en la vida y quieres compartir tus tesoros emocionales con alguien especial. Pero ¿quién es esa persona? Muchas veces nos abrimos a conocer nuevas personas, a invitarlas a ser parte de nuestras vidas y a evaluar la relación mientras se desarrolla. Sin embargo, hay ocasiones en las que ya tenemos decidida a la persona que nos gustaría que esté en nuestra vida. A pesar de que al principio esto puede sonar muy restrictivo, con el tiempo te darás cuenta de que no hay mal que por bien no venga. Sabemos cómo nos queremos sentir y también estamos convencidas de con quién queremos sentirnos así. Es increíble, ¿verdad?

Hay momentos en la vida en los que el universo parece estar totalmente alineado con nuestros deseos. En esos momentos nos sentimos como las personas más afortunadas del mundo. Enamorarse sin duda está en los puestos más altos de la lista. Y sobre todo si la persona que te gusta siente lo mismo que tú, ¡tocas el cielo con las manos! ¿Cómo no podrías hacerlo? Soy bien consciente de que el amor puede ser muy embriagador, que te abruma con esa cálida sensación que te hace saber que has encontrado a tu otra mitad. Aún así, no todo el mundo tiene la misma suerte. Por desgracia, en muchas ocasiones te encontrarás con personas que nunca han conocido a su pareja ideal o, por el contrario, hay personas que la han encontrado, pero que nunca han podido entablar una relación con ella.

Sé lo que estás a punto de decir. No puedes obligar a alguien a que sienta algo por ti... ¿o sí? Déjame decirlo de otra forma para reflejar lo que ocurre en la realidad. En lugar de preocuparte por obligar a otra persona a que sienta algo por ti, ¿por qué no admites que ella sería afortunada de tenerte en su vida? No eres una persona cualquiera, ¿verdad? En ese sentido, le estarías haciendo un favor. Le abres los ojos y la conduces a una vida llena de felicidad, luz y abundancia. Esta debe ser tu mentalidad antes de embarcarte en una búsqueda de amor espectacular.

Lo más importante que debes recordar es que la frecuencia vibratoria de tu cuerpo debe estar alineada con la frecuencia de la otra persona. Tienes que hacer esto con extremo cuidado. No permitas que ningún pensamiento negativo invada tu mente, porque ellos te conducirán a una frecuencia baja. A menos que te quieras conformar con una vida triste y decepcionante, evita esos pensamientos por completo. Tienes que abrirte a las emociones positivas e ir tomando impulso de a poco. ¿Qué mejor forma de lograrlo que a través de una maravillosa visualización? Déjame que te enseñe cómo invitar a ese alguien especial a entrar a tu vida. Por supuesto, puedes disfrutar esta sesión incluso si no tienes una persona específica en mente.

Visualiza a la persona que quieres en tu vida e imagina cada pequeño detalle. El color de su cabello, el brillo en sus ojos, las suaves líneas en su rostro, la forma de su cuerpo, la forma en la que se viste y la forma en que se peina. Todos estos toques especiales han hecho que la ames tanto en primer lugar. Por eso se merece que la menciones, y tienes que enfocarte en los atributos especiales de la persona que te gusta. Una vez que hayas creado su imagen en tu mente, estás lista para seguir con el próximo paso. Siente cómo esa persona se acerca a ti; cada vez que respiras está un paso más cerca.

Tan pronto como la pareja de tus sueños esté frente a tus ojos y sientas su cálido aliento en tus labios, puedes concentrarte en sus movimientos. Siente cómo sus manos tocan las tuyas, también tus brazos y tus hombros. Luego mueve sus manos hacia arriba, tocando tu cuello y por último tu rostro. Siente cómo sus dedos acarician tus mejillas y tocan tu cabello. Te sonríe y te susurra al oído. Estoy segura de que esto te da piel de gallina y ya estás experimentando esta sensación tan apasionante.

Ahora, recuerda que debes combinar esta visualización con otras afirmaciones positivas personales. De esta manera, aprovecharás el efecto de esta sesión sobre tu mentalidad y, con el tiempo, sobre la energía que emites. A continuación, he preparado algunas de mis afirmaciones favoritas para compartirlas contigo:

Me amo profundamente e incondicionalmente.

Soy digna de ser amada.

La pareja que he elegido y yo compartimos sentimientos profundos y verdaderos de amor y devoción.

Estoy feliz de tener a mi alma gemela en mi vida.

La pareja que he elegido está comprometida al cien por ciento con esta relación.

Nuestra relación es verdadera, significativa y honesta.

Ambos estamos felices de estar en esta relación que durará por siempre.

Mi alma gemela me respeta por completo y adora mi personalidad.

Estoy agradecida por todo el amor que recibo en este mundo.

Doy las gracias por todas las bendiciones que tengo en mi vida.

La pareja que he elegido está profundamente enamorada de mí y el sentimiento es mutuo.

Estoy segura de que nuestra relación va a durar para siempre.

No existe nada que me pueda alejar de mi alma gemela.

He sido bendecida con amor; he sido cubierta de amor.

La pareja que he elegido y yo hacemos una maravillosa pareja.

Mi alma gemela y yo estamos destinados a estar juntos.

Estoy muy feliz de tener una pareja tan amorosa y cariñosa en mi vida.

No tengo dudas de que yo y mi pareja estamos hechos el uno para el otro.

La pareja que he elegido siempre me dice lo hermosa e inteligente que soy.

Tengo una conexión espiritual, física y emocional profunda con mi pareja.

Cuando repites estas afirmaciones, fortaleces la confianza en ti misma. De esta manera, la proyectas al mundo y atraes lo que te mereces. La persona específica sobre la que has puesto tu mente no tendrá otra opción que caer rendida a tus pies. Esto ocurrirá tarde o temprano, no hace falta que te preocupes por ello. Solo acepta tu destino, prepárate para lo que está a punto de suceder, y espera que la magia se desarrolle frente a tus ojos.

Cómo recuperar a tu ex

Lidiar con un ex puede ser de verdad desgarrador, lo sé muy bien. Estoy segura de que hay heridas profundas que parece que no sanarán nunca, no importa si ya has seguido adelante con tu vida. Siempre habrá una persona que te ha marcado, y esa herida se ha convertido en una parte de quién eres. En caso de que tu ex sea una persona tóxica, voy a insistir en que termines la relación y busques a alguien más. Aunque sientas que estás enganchada con esta persona, tienes que saber que debes seguir la luz en tu vida; evita la oscuridad y toda la toxicidad que se esconde en las sombras. Te tirará abajo, agotará tu energía y te dejará exhausta, decepcionada e indefensa. ¿Acaso es esa la vida que has estado soñando a lo largo de este proceso de manifestación?

Asumamos que tu ex no es una persona tóxica. Tómate un momento y concéntrate en lo que los ha alejado el uno del otro. ¿Fue por una infidelidad? Si ese es el caso, entonces ¿qué evitaría que tu pareja haga lo mismo de nuevo en el futuro? Tal vez se distanciaron porque no tenían intereses en común. La distancia puede meterse en el medio y arruinar una relación. No muchas personas pueden con los cientos de kilómetros que los separan día tras día. Quizá la llama se apagó con el tiempo y solo quedaron los recuerdos de esos tiempos en los que no podían estar un segundo sin el otro.

No importa cuáles sean las circunstancias que llevaron a terminar con la relación, tienes que ahondar en lo más profundo de tu alma. Tienes que descubrir si en verdad quieres que tu ex regrese contigo. Sé honesta, ¿quieres que tu ex vuelva o es solo un capricho? No te interesa admitirlo, pero tal vez tu separación puede haber provocado ese deseo repulsivo de querer a tu expareja de nuevo en tu vida. Algunas veces las personas suelen olvidarse de las cosas malas. Se enfocan en los maravillosos recuerdos que comparten con su ex, muchas veces hasta lo idolatran. Entonces, respira profundo y pregúntate a ti misma si esto es lo que en verdad quieres lograr a través de la manifestación.

Incluso después de haber concluido que quieres volver a intentarlo con tu ex, aún tienes que aceptar un hecho inquietante. No importa lo que haya sucedido entre ustedes dos, tú eres la culpable. Por supuesto, esto no quiere decir que debes castigarte o asumir toda la responsabilidad, pero es importante que sepas dónde mirar y atar cabos. Cuando la relación se terminó, tal vez hiciste todo lo posible para entender por qué. Puede que hasta hayas confrontado a tu ex para descubrir la verdad. Aún así, tienes que reconocer cuál ha sido el motor que llevó a un caos total. ¿Qué hizo que tu relación se derrumbara justo frente a tus ojos? ¿Aún sigue siendo un misterio para ti?

Sé que ha pasado tiempo desde que ustedes eran una pareja. Sin embargo, sería bueno que evoques algunos recuerdos que tienes de los momentos anteriores a tu separación. Si observas con atención, comenzarás a notar un patrón. Habías empezado a cuestionar los sentimientos de tu pareja. De hecho, hasta habías empezado a pensar que no eras suficiente. Habías vivido con miedo a que te dejaran, prácticamente esperando a que tu pareja terminara contigo. Tal vez habías interpretado mal las señales o quizás había un ápice de evidencia que respaldaba tus temores. Sea como sea, tus pensamientos se habían acumulado durante tanto tiempo que generaron bajas frecuencias vibratorias en tu cuerpo.

Como consecuencia, básicamente atrajiste la separación. Te aseguraste de que tu pareja comenzara a ver estas señales, que las sintiera en su interior y que al final te dejara. ¿Te suena familiar? ¿Es esta la forma en la que te comportabas antes de terminar con tu ex? Estoy bastante segura de la respuesta, porque así funciona la física cuántica. Piensas en algo con tanta intensidad e ignoras todo lo demás. Con el tiempo, tus pensamientos se convierten en realidad. Los proyectas al mundo y terminas atrayendo eso mismo. Tienes que anhelar usar este mecanismo particular a tu favor para manifestar amor, riqueza y felicidad.

Cada experiencia puede convertirse en un aprendizaje para ti y te permitirá volverte más sabia a medida que pasa el tiempo. Nunca más tienes que proyectar estos pensamientos negativos al universo, porque de seguro ellos volverán a sabotear tu vida. No tienes que preocuparte por una potencial separación. Si eso ocurre, entonces eso era lo que tenía que suceder en tu camino hacia tu yo superior. Como dice la frase, "que será, será" (Que será, 2019). Nadie sabe lo que le depara el futuro, pero tienes que confiar en tu espíritu divino.

Asumiendo que todavía quieres volver con tu ex, tienes que comenzar a proyectarlo al mundo. Comienza a visualizar que ya tienes a tu ex de vuelta en tu vida. Cierra los ojos y piensa en la presencia de tu pareja a tu lado. Está parada justo frente a ti, casi tocándote. Tómate un momento para observar cada pequeño detalle de su apariencia física, al igual que su postura. ¿Muestra algún tipo de afecto hacia ti? Supongo que sí. Es prudente que mejoremos esta visualización con afirmaciones positivas. Siente sus brazos rodeando tu cuerpo y siente su aliento mientras te susurra cosas lindas al oído. Imagina que ya están juntos de nuevo, tal como te enseñé antes a apuntar a una persona en particular.

Repite el mismo ritual todas las veces que quieras y mantén siempre la misma actitud positiva. Tu ex volverá a ti tarde o temprano y podrán disfrutar de su relación juntos. No seas pesimista: cree en lo más profundo de tu alma que volvieron a estar juntos. Este es el primer y más importante paso que debes dar para que tu sueño se haga realidad. Solo recuerda que algunas cosas funcionan exactamente de la forma en la que tienen que ser, incluso si no queremos admitirlo. Dicho esto, ¡emprende el viaje hacia esta maravillosa aventura y persigue tus fantasías!

Evita este error común a toda costa

Has dominado el arte de manifestar a una persona en particular y estás lista para poner la teoría en práctica. ¿Ya estás emocionada? Sin embargo, debes tener cuidado, porque si caes por el truco más viejo del libro, sabotearás todo tu esfuerzo. ¿Alguna vez has sentido que nada sale de la forma en que lo esperabas, sin importar lo mucho que te esfuerces? Bueno, hay un motivo por el que esto sucede. Aunque hayas planificado cada detalle, parece que has ignorado la importancia de una pequeña cosa. Es una lástima que eso se interponga y te impida alcanzar tu "final feliz".

Seamos un poco más específicos respecto al peor de los casos que puede ocurrir cuando manifestamos amor. Piensas en cómo será tu pareja. Cuando lo haces, te concentras en su apariencia física y luego describes los atributos que quieres que tenga. Una persona amable y dulce, ocurrente, comprensiva, con un gran sentido del humor y con dinero: suena como la pareja ideal, ¿verdad? Después, manifiestas los sentimientos que esperas de esa persona. Esta persona específica tiene que estar completamente enamorada de ti y debe llenarte de cariño. ¿Qué mejor forma de estimular la confianza en ti misma que con un recordatorio constante de que eres única?

Estoy segura de que estás leyendo estos renglones con una enorme sonrisa en el rostro. No te culpo: ¡todo el mundo quiere eso para su vida! Es tan estimulante vivir el amor en su forma más pura; te hace sentir de maravilla. Sin embargo, ¿qué hay de lo contrario? ¿Alguna vez habías pensado en esto? Es increíble encontrar una persona que te ama de verdad. Una persona que hará lo imposible para estar contigo. Es lo que todos soñamos, una pareja que será completamente fiel a nosotros pase lo que pase. Es lo que la mayoría de nosotros ha deseado desde siempre, cuando nos vamos a dormir. Aún así, ¿qué hay de nuestros sentimientos hacia esa persona? ¿Acaso no importan también?

El gran error que estás a punto de cometer es no prestar atención a la forma en la que te sientes hacia la persona que estás manifestando. ¿Cómo te sentirás con respecto a esta persona especial? Si no manifiestas eso también, te expones a terminar con un romance frustrado. Esto quiere decir que disfrutarás del amor y del afecto de la persona que has atraído a tu vida, pero sus sentimientos no serán recíprocos. No estarás perdidamente enamorada de la persona de tus sueños y se arruinará el equilibrio emocional que tanto deseabas. Al final, te sentirás como la culpable de todo este desastre. Después de todo, la relación no prosperará si ambas partes no comparten el mismo entusiasmo. Tarde o temprano, se caerá a pedazos.

No me malinterpretes: amarte a ti misma es perfectamente entendible, y tienes que asegurarte de atraer a alguien que te ame de la forma en que mereces ser amada. Tienes que seguir buscando la felicidad y provocar los sentimientos que te mereces en la vida. Sin embargo, al mismo tiempo debes hacer lugar para manifestar cómo te quieres sentir con respecto a la pareja de tus sueños. No hace falta que aclaremos que debes apuntar a una relación equilibrada, es decir, que debes sentir casi lo mismo que tu alma gemela. De lo contrario, tus probabilidades de seguir juntos a largo plazo disminuyen de forma considerable.

En resumen, la mayor desventaja de la cual tienes que mantenerte alejada es no hacer hincapié en quién será tu pareja y cómo te sientes con respecto a esa persona en particular. Si estás decidida a vivir la experiencia de un amor intenso y recíproco, tienes que tener cuidado al momento de la manifestación. Ya sea que estés pensando en una persona específica que ya forma parte de tu vida o estés manifestando una persona completamente nueva, tienes que prestar atención a los sentimientos que tienes por ella. Incluye cómo te vas a sentir para evitar darte cuenta de que no te gusta tanto la persona a la que has invitado a entrar a tu vida, ¡porque déjame decirte que sería un completo desastre!

7

PODEROSAS TÉCNICAS DE MANIFESTACIÓN

Existen muchas cosas maravillosas que te están esperando en tu vida, te lo prometo. La cuestión es que cada persona tiene diferentes deseos, diferentes necesidades y diferentes anhelos. ¿Cómo puedes manifestar esas cosas en tu vida? Este libro apunta a darte todas las herramientas necesarias que te permitirán recibir todo lo que has soñado tener en tu vida. La manifestación es real y está ahí. Ahora está en tus manos acercarte y obtener exactamente lo que quieres.

En este capítulo me centraré en los diarios y en la escritura. Son dos caras de la misma moneda, destinadas a servir como tu amuleto de la suerte. Sé que algunas de ustedes son escépticas respecto a la razón por la que debemos dedicar tiempo y escribir lo que queremos lograr en la vida. Tal vez te preguntes: "¿pero la visualización no es suficiente?". Escribir es una actividad catártica que nos ayuda a purificar nuestro cuerpo desde adentro, tal como lo haría una dieta desintoxicante. A pesar de que tengas dudas, déjame asegurarte que lo vas a adorar.

Primero que nada, tienes que crear un ambiente agradable. Debes esperar con ansias tu tiempo de escritura. Esto no debe ser un concepto aburrido o tedioso. No debe ser algo que lo haces solo porque tienes que hacerlo. Si consideras que escribir un diario es una mera obligación, te saldrá el tiro por la culata. Nunca recibirás lo que estás escribiendo, lo cual sin duda hará que surjan más dudas. Este es un círculo vicioso que no beneficia a nadie. Te recomiendo que le des una oportunidad a la escritura y te aboques de lleno a ella con una actitud positiva.

Encuentra un diario que en verdad haga latir más rápido tu corazón. Tiene que ser algo en lo que disfrutes escribir. Si del precio del diario se trata, no tienes que exagerar. Solo elige algo que te resulte muy atractivo. Puedes agregar un poco de color o puedes darte algún lujo al momento de manifestar tus sueños. En su defecto, puedes escribir cartas en una hoja de papel. El cielo es el límite, literalmente, y puedes experimentar con papel perfumado, bolígrafos y lápices sofisticados. Siempre puedes recurrir a la escritura en soporte digital, por supuesto. Aún así, nada le gana a la sensación de escribir en papel. Ves cómo las letras se transforman en palabras; es algo que hiciste desde cero. La escritura es una actividad muy creativa.

No existe lo correcto o lo incorrecto respecto de dónde debes ponerte a escribir. Algunas personas se sientan en su escritorio, mientras que otras prefieren relajarse del todo, así que escogen la cama o un sillón cómodo. Solo haz lo que tú prefieras, porque tienes que sentirte a gusto con todo el proceso; de lo contrario, no mantendrás ese hábito durante mucho tiempo. Crea un ambiente acogedor; puedes poner un poco de música ambiental para relajarte. Enciende una vela perfumada con un delicado carácter aromático y bebe un poco de tu té de hierbas favorito. Haz que la creatividad fluya. Este es tu momento, así que disfrútalo.

Ahora que sabes cómo escribir, es igual de importante

aclarar lo que deberías escribir en tu diario. Algunas personas creen que deben escribir todo lo que siempre han soñado, tal como hacían cuando eran pequeñas con sus cartas a Papá Noel. Como consecuencia, terminan realizando una lista de cosas que quieren atraer en su vida y esperan que cada sueño se haga realidad así como así. Sin embargo, escribir no siempre funciona de ese modo. Eso solo funciona cuando eres pequeña, siempre y cuando tus padres se tomen el tiempo de leer tu lista. Luego podías esperar una gran sorpresa bajo el árbol de Navidad.

Comienza de a poco y sé consistente. No pruebes escribir cuando no tienes nada mejor que hacer. En cambio, debes asegurarte de que disfrutes esta actividad relajante todos los días. Esto te permitirá ser plenamente consciente de las cosas que quieres atraer en tu vida. Cuando adoptes este hábito creativo, pronto descubrirás que te sientes atraída por tus emociones. Un impulso interno guiará tus acciones y te permitirá llenar páginas enteras con tus pensamientos, predicciones, intenciones y afirmaciones positivas.

La escritura como influencia en la Ley de la Atracción

Lo más probable es que la escritura cambie tu vida, siempre y cuando dejes que lo haga. Para hacerlo, tienes que decodificar su propósito. Cuando escribes en un diario, escribes sobre las cosas que quieres atraer a tu vida. Después de todo, este es el verdadero meollo de la Ley de la Atracción. La vibración atrae a la vibración. Primero que nada, tienes que estar muy entusiasmada por las cosas que escribes. No solo hagas los movimientos sin agregar emoción a la mezcla. Si evitas los sentimientos al momento de escribir, mejor detente ahora mismo.

Además, míralo de este otro modo. ¿Cuándo te acostumbras a actuar en vez de pensar? Estoy segura de que los sentimientos están involucrados en tus acciones. Ellos crecen y te llenan de energía que quiere salir disparada de tu cuerpo. Esto ocurre cuando actúas y liberas esa energía. No solo escribas sin entusiasmo. Haz que cada palabra cuente. Si no estás de humor, haz otra cosa. Siempre puedes escribir cuando tengas ganas de hacerlo. De esta manera, tu vibración aumentará increíblemente y podrás atraer sin esfuerzo las cosas sobre las que escribes. Si te involucras de manera emocional, te garantizo que tu manifestación será mucho más intensa.

Dicho esto, existe una idea errónea generalizada de la cual debes mantenerte alejada a la hora de escribir. Tal vez te entusiasmas demasiado y deseas cosas que jamás ocurrirán. Por ejemplo, no puedes proyectar al universo tu deseo de ser más alta. Esto nunca podrá ocurrir, no importa lo mucho que lo intentes. En otras palabras, debes creer en lo que escribes y establecer objetivos realistas que puedan cumplirse. No me malinterpretes: siempre puedes soñar en grande, pero en la escritura debes incluir cosas que creas que pueden suceder. En una situación diferente, tu mente subconsciente decodifica tu deseo como falso y no hace nada para que se cumpla.

Cuando escribes en tu diario, recuerda hacerlo con precisión. Tienes que tener claridad mental e incluir detalles sobre lo que quieres lograr. Si solo mencionas tu meta, ¿cómo esperas que se cumpla dentro de un periodo de tiempo determinado? No dejes lugar a la especulación para evitar cualquier distorsión de tu deseo. No seas imprecisa; en cambio, agrega tantos detalles como puedas a tu descripción. Tal vez a algunas personas les da miedo dar demasiada información. Podría ser contraproducente porque limitaría sus opciones, ¿verdad? No sé si opinamos lo mismo, pero la Ley de la Atracción no funciona así.

Te lo digo de nuevo; no le huyas a los detalles. Por ejemplo, cuando manifiestes a una persona en particular, debes incluir su apariencia física. Junto con eso debes agregar los rasgos de personalidad que adoras de ella, al igual que los rasgos que quieres evitar. Por último, tienes que ser precisa con respecto al periodo de tiempo. ¿Cómo conociste a esta persona y en qué lugar? ¿Cómo se sienten ambos? Todos estos detalles te ayudarán a lograr tus metas exactamente de la forma que quieres. De lo contrario, será muy similar a apostar. Obviamente, es posible que no tengas la mente puesta en una cierta persona. No tienes que hacerlo, siempre y cuando describas las características específicas que has estado buscando en esa persona.

Muchas personas suelen ser indecisas durante sus experiencias de escritura. Comienzan a manifestar una idea y luego de unos días pasan a la siguiente. Es una montaña rusa de emociones, porque cambian una manifestación por otra sin parar. Esto puede resultar en puro caos y confusión. Estás buscando un equilibrio, no situaciones caóticas. Cuando no sigues tu descripción hasta el final, no podrás hacer que suceda. Si tienes miedo de tomar una decisión, no deberías escribir sobre nada en la vida. De hecho, ni siquiera deberías meterte con la Ley de la Atracción. ¿Pero acaso no es ese el objetivo principal de este libro? Toma una decisión y muéstrala con orgullo. Encomiéndate a tu decisión y disfrútala mientras se vuelve realidad.

Te voy a dar un consejo antes de que sigas adelante con los detalles que incluirás en tu escritura: no caigas en la trampa de "escribir deseos". Como mencioné anteriormente, actúa como si ya fueras testigo de los frutos de tus logros en la vida. No escribas como si desearas que algo se hiciera realidad. Esto confundirá al universo y sin dudas creará una vibración diferente para ti. Ya es realidad, y puedes disfrutar sus maravillas al máximo. Proyectas cómo te sientes después de haberlo logrado y de que forme parte de tu vida. Como resultado, atraes las mismas emociones. ¡Así de fácil!

Una plantilla para que escribir sea pan comido

En realidad, no existe una estrategia que funcione igual

para todo el mundo al momento de escribir. Básicamente, comienzas a escribir en tu diario y ves cómo sucede la magia. Es más, antes de que te des cuenta, verás tus pensamientos transformados en palabras. Literalmente brotarán de tu mente y llenarán las hojas en blanco con tus deseos más maravillosos para el futuro. Es increíble poder canalizar tus sueños y fantasías en algo creativo. Después de un tiempo, puedes volver a esos diarios y leer todo sobre lo que has escrito. Es una forma de llevar un registro de tu progreso y evaluar cuánto has logrado manifestar en tu vida. Solo necesitas lápiz y papel para sentar las bases para lograr tus objetivos. Disfruta de la escritura libre y deja que tus pensamientos marquen el camino.

Escribir para construir la confianza es una gran forma de aumentar tu ego y apreciarte a ti misma de verdad. Incluso si al principio te sientes algo incómoda, tienes que cumplir con la rutina de elogiarte por todo lo que has logrado hasta ahora. No es una carrera, así que no importa cuánto tiempo te tome alcanzar tus objetivos. Lo único que sí importa es que te muevas en la dirección correcta. Una técnica usada para construir la confianza y proyectar lo que quieres atraer es escribir cartas.

En caso de que quieras escribir una carta de gratitud, de agradecimiento, o una nota que explique lo que has conseguido, he preparado una plantilla práctica para que uses. De este modo, ya no tendrás que preocuparte por qué vas a escribir. Solo sigue la siguiente guía, cópiala y añádela a tu rutina de manifestación. Es mejor que completes la carta y la guardes en algún lugar al alcance de la mano. Léela en voz alta para que creas cada palabra que estás diciendo. Puedes dejarla junto a tu mesa de noche y leerla cuando te despiertes y de nuevo antes de ir a dormir. Hazlo durante veinte a treinta días y luego guárdala con cuidado. Cuando encuentres esa carta después de un tiempo, ¡estarás más que sorprendida!

Gracias, _____. (Aquí es donde escribes el nombre de a quien diriges la carta. Puede ser en lo que tú creas; un ángel guardián, un espíritu, una persona a la que admiras, una influencia o una persona de tu vida en particular).

Estoy realmente agradecida por todo lo que tengo en la vida. Es increíble tener toda esta salud, felicidad, amor y abundancia que llena mi existencia. (En esta sección, comienza dando las gracias por todas las cosas buenas que han sucedido en tu vida y las cosas que quieres lograr. De ese modo, las mencionas como si ya las estuvieras experimentando).

He cumplido mis objetivos personales y profesionales: _____. (Este es el momento de ser específica, así que escribe todo lo que quieres tener en la vida, tanto en lo personal como en lo profesional).

Ahora tengo _____. Disfruto del amor y la felicidad cada día de mi vida.

Gracias, gracias, muchas gracias, _____. (Repite el nombre de a quien está dirigida la carta).

Como podrás ver, es un patrón simple pero efectivo para una carta de gratitud. Siempre puedes agregar tus toques personales, por supuesto. Desde ya, sé creativa. Pero no seas modesta ni te alejes de lo que quieres lograr. Mantente firme y con una actitud positiva. Escribe como si ya cosecharas los frutos de tu manifestación. Activa la sensación de ya tener estas cosas en tu vida. Luego permítete olvidar lo que has escrito. Sigue adelante, piensa en otras cosas. Despeja tus pensamientos, sé creativa y vive tu vida. Por último, pero no menos importante, déjate sorprender gratamente cuando estas cosas lleguen a tu vida.

Usa esta plantilla para crear una carta de gratitud dirigida a tus padres o a las personas que te han inspirado a lo largo del camino. Asegúrate de escribir cartas, largas o cortas, para agradecer a quienes te han ayudado a ser quien eres. Además de eso, no te olvides de escribir cartas de gratitud a las personas que te gustaría tener en tu vida. Escríbeles como si ya te hubieran ayudado y quieres darles las gracias. De esta manera, cultivas la gratitud en varios sentidos. Destacas los sentimientos que has experimentado en la vida y, al mismo tiempo, proyectas las emociones que quieres sentir.

8

MANIFIESTA TU DESEO EN TREINTA DÍAS

¿Quieres que tu deseo dé sus frutos? Muy bien. ¿Cuánto tiempo puedes dedicar a lograr tu objetivo? El tiempo es dinero, así que no lo desperdicies. Por el contrario, tienes que hacer que cada minuto cuente para tu superación personal. Por suerte para ti, no existe una regla que dicte que tienes que pasar una cantidad enorme de tiempo preparándote para la Ley de la Atracción. Todo se trata de estar alineada con lo que deseas. Una vez que encuentres ese preciado equilibrio, el mundo es tuyo.

Fortalece las creencias que tienes sobre ti misma. Es uno de los objetivos principales que debes establecer. Escribe cada día en tu diario y describe cualquier cosa que hagas. De esta manera, serás capaz de entender dónde estás poniéndole obstáculos a tu éxito. Por otro lado, escribir te permitirá identificar todas las situaciones en las que te has llenado de energía positiva. Las cosas que aparecen en tu vida provienen de tus vibraciones. Si no lo reconoces, nunca podrás alcanzar tus metas.

Cree en tu fuerza interior, porque es indiscutible. Las afirmaciones positivas te ayudarán en tus esfuerzos por atrapar tu poder. Entra en la frecuencia de tu deseo. Cree que eres digna de recibir cosas increíbles en esta vida. No permitas que nadie te diga lo contrario. Eres increíble y eso no se negocia. ¿Pero qué te hace única? Piénsalo y escríbelo para que tus pensamientos se vuelvan realidad. Tienes que asegurarte de proyectar esa confianza al mundo. A su vez, esto te abrirá un nuevo mundo de oportunidades, porque eso es lo que atraerás hacia ti.

Si estás decidida a tener éxito, entonces es imprescindible que compartas tu entusiasmo inicial sobre todo el proceso de manifestación. ¿Por qué estás interesada en esta filosofía en primer lugar? Estoy segura de que en algún lugar habías leído algo sobre este secreto maravilloso que hace que cambies tu mentalidad. Por tu experiencia en la vida, esto es precisamente lo que te ha estado tirando abajo, así que pensaste que podrías darle una oportunidad. Al cabo de unos minutos, quedaste fascinada con las innumerables posibilidades que se abrieron frente a tus ojos.

¿Qué cosas han cambiado desde tu reacción inicial? La Ley de la Atracción es un regalo poderoso, así que ¿por qué deberías estar decepcionada? Si no ves resultados tangibles, tal vez tengas que reevaluar tus estrategias. Asumiendo que quieres acelerar el proceso, existen muchas cosas que puedes hacer. Las manifestaciones poderosas que describiré a continuación te permitirán lograr lo que deseas en una fracción del tiempo en el que te llevaría completar tu manifestación. Hazte cargo de tu vida y brega para hacer que las cosas sucedan.

Haz las cosas que te hacen sentir mejor. Así, animarás tu espíritu y te asegurarás de que la frecuencia vibratoria de tu cuerpo aumente drásticamente. Haz que la Ley de la Atracción vuelva a ser divertida. Evita reprimir tus deseos y sucumbir ante lo que dicta la sociedad. Ahora es tu momento de brillar. Disfrútalo y no te conformes con ningún otro sustituto. Inspírate, porque la inspiración impulsa tu espíritu hacia la grandeza. Sé consciente de la experiencia y aprecia el momento. Después de todo, eso significa vivir el presente.

Finalmente, tendré que insistir en que manifiestes lo que quieres. Por supuesto, escribir es una maravillosa manera de manifestar tus deseos. Sin embargo, no debes subestimar jamás el poder de expresar oralmente esos deseos. Puedes hacerlo en voz alta o puedes simplemente susurrar estas predicciones. No te preocupes, el universo siempre escucha. El hecho de que expreses todas las cosas que quieres recibir en la vida solo acelerará el proceso y te permitirá disfrutar las ventajas de tus sueños hechos realidad. Escuchar tu propia voz repitiendo esos deseos es muy relajante y también te permite creer en ellos por completo.

Dicho todo esto, y antes de continuar con las poderosas manifestaciones que acelerarán todo el proceso de atraer lo que quieres en la vida, tómate un momento para contemplar la siguiente frase. Como dijo el gran poeta griego Constantino Cavafis, *"cuando te encuentres de camino a Ítaca, desea que sea largo el camino, lleno de aventuras, lleno de conocimientos"* (Marlene, 2018). Muchas veces, el recorrido es más importante que el destino en sí mismo.

Manifiesta con las fases de la luna

Una forma espectacular de cumplir tus deseos en poco

tiempo es manifestar con las fases de la luna. Como tal vez ya sabes, la luna tiene la capacidad de controlar el agua. Estamos hechos en gran parte de agua y es por eso que sentimos una conexión tan fuerte con la mismísima luna. Muchas personas declaran que se han visto influenciadas por la luna llena y que su comportamiento cambia de forma drástica. Es verdad que la energía de la luna está en su punto máximo en la luna llena, y es por eso que causa estragos en todo el mundo. Además, la luna nueva representa un nuevo comienzo. Toda una nueva aventura que vuelve a comenzar. Borrón y cuenta nueva, una energía libre de bloqueos.

Para que puedas manifestar aprovechando las fases de la luna, tienes que escribir tu deseo como si ya se hubiera concretado. Como ya bien sabes, esto se llama "vivir en el presente". A diferencia de proyectar un deseo para el futuro, debes dejar en claro que tu deseo se ha cumplido. Después de terminar la carta, tienes que escribir la fecha. Esto te permitirá volverte consciente de tu deseo. Al desear que algo suceda, no estás siendo imprecisa. Además de establecer un periodo de tiempo, tienes que describir con lujo de detalles cómo te hizo sentir. Debes ser muy específica y describir todo. Como resultado, disfrutarás los beneficios de eso mismo que has querido atraer a tu vida.

La visualización es la clave para el éxito en la manifestación. Entonces, tan pronto como hayas terminado de escribir la carta, te aliento a que realices un ritual. Entierra esta hoja de papel en la tierra. Puedes elegir enterrarla en tu jardín o en tu balcón. Aunque parece algo extraño, dejar el papel debajo de la tierra te ayudará a estimular la visualización. Te ayudará a entender y concebirás a ese papel como una semilla. Esto es lo que te conecta con tu deseo. Deja que esa semilla crezca y se convierta en la satisfacción de tu deseo.

En dos semanas, habrá luna llena. Algunas personas verán su sueño hacerse realidad en la luna llena. ¡Son muy afortunadas! Si no eres una de ellas, no te preocupes; solo tienes que escribir otra carta. Esta carta será sobre ti. Te centrarás en tus virtudes y escribirás afirmaciones maravillosas que te describan. Incluye cosas como *"soy encantadora"*, *"soy increíble"*, *"tengo un corazón de oro"*, *"merezco ser amada"*, *"merezco ser apreciada y respetada"*. Luego, sigue el mismo ritual de antes: entierra este papel. En su defecto, puedes tirarlo a la basura o arrojarlo en el retrete. Sin embargo, aceptémoslo, enterrarlo es el mejor incentivo para visualizarlo como una semilla que crece.

El cuarto menguante es cuando la luna comienza a desaparecer después de la luna llena. Este es el momento ideal para una tercera carta. En esta carta te desharás de todas las emociones negativas que tal vez estés sintiendo. Esta vez usarás afirmaciones como "libero mi ansiedad" y "libero mis preocupaciones" para desterrar todas estas creencias limitantes. Las afirmaciones limitantes que nos imponemos sirven un gran propósito. Ellas te ayudan a cambiar tus pensamientos negativos y prevenir bloqueos. A diferencia de las dos cartas anteriores, tienes que quemar este papel. De esta forma, visualizas la liberación de esta energía negativa. Deshazte de ella de manera simbólica.

Cuando la luna pase por sus diferentes formas y se complete el ciclo, tu deseo pronto se hará realidad. Puedes usar las energías del universo a tu favor. Logra el equilibrio total con tu energía femenina divina y benefíciate con este regalo poderoso que se te ha dado en la vida. No permitas que nada te detenga o reprima y no pongas excusas. Te mereces lograr tus metas sin perder más tiempo valioso.

Cómo manifestar con agua

¿Acaso has oído hablar del doctor Masaru Emoto? Era un científico que se hizo conocido en todo el mundo por sus experimentos con agua. Él puso agua de la misma fuente en diferentes frascos y luego escribió distintas palabras en esos frascos. Algunas palabras tenían un significado positivo, como "amor" o "afecto". Otras eran emociones negativas, como "odio" o "decepción". Después, el doctor Emoto congeló el agua y observó los frascos. Lo que logró observar fue increíble. Los frascos que contenían agua y "palabras positivas" habían creado cristales de una inmensa belleza y simetría. Por otro lado, los frascos con "palabras negativas" poseían cristales con formas anómalas, sin armonía o belleza (Pitkanen, 2018). El agua sostiene la vibración de las palabras o cualquier cosa que se una a ella.

Como mencioné recién en la manifestación con las fases de la luna, las personas estamos hechas en gran parte de agua. Esto quiere decir que nuestro cuerpo se ve afectado por la luna, porque la luna controla el agua. Al mismo tiempo, el experimento de Emoto ha demostrado que nuestro cuerpo también se ve afectado por la vibración de las palabras. ¿Puedes entender lo importante que es esta realización? Si estás decidida a manifestar tu deseo en un mes o menos, entonces la manifestación con agua es una gran forma de hacerlo. Solo necesitas una botella de vidrio grande con tapa, una hoja de papel y algo para escribir en ella.

El mejor momento para comenzar esta manifestación poderosa es en la luna nueva. Sin embargo, puedes hacerlo cuantas veces quieras. Solo ten en cuenta que la luna nueva refleja nuevos comienzos. Primero, toma tu papel y escribe afirmaciones positivas sobre tu deseo. Por ejemplo, ¿quieres que te den un ascenso? Entonces, escribe sobre cómo te sientes respecto del ascenso que ya has obtenido. Recuerda que siempre debes escribir "en el presente" y no debes proyectar tus deseos futuros.

Debes tener cuidado con las palabras que elijas usar al momento de escribir en tu diario. Sé que es demasiado específico, pero tienes que prestar atención a las cosas más ínfimas si quieres tener éxito en tu manifestación. No uses ninguna palabra que esté cargada con vibras negativas. En lugar de decir *"no soy un fracaso"*, puedes intentar con *"soy exitosa y progreso en todo lo que hago"*. A pesar de que las dos frases tienen casi el mismo significado, la primera está cargada de energía negativa.

Escribe tus sentimientos con lujo de detalles y sé muy específica. Tómate el tiempo de pensar en todos los aspectos relevantes a este ascenso. ¿Cuánto dinero ganarás? ¿Qué oportunidades aparecerán con el tiempo? ¿Qué beneficios especiales tiene este ascenso para ti? Antes de terminar el proceso de escritura, da las gracias por este deseo que has logrado. Luego, busca una botella. Llénala de agua y sostenla con ambas manos. Ten la carta al lado tuyo y comienza a leer cada oración en voz alta.

Tan pronto como termines de leer cada frase, cierra los ojos. Repite la misma afirmación una y otra vez. Hazlo hasta que te convenzas de que esa afirmación específica es cierta. De esta manera, transferirás tu vibración positiva a la botella de agua. Cuando termines con una frase, continúa con la siguiente. Una vez que hayas terminado la carta, bebe un sorbo de agua. Como imaginarás, el agua estará cargada de las vibraciones positivas de toda tu carta. Es como una verdadera poción mágica, ¿verdad?

Ese sorbo de agua le recordará al cuerpo tu deseo y lo cargará con la vibración positiva de tus afirmaciones. Luego, coloca la botella en un lugar donde puedas cargarla con la gran energía de la luna nueva. Absorberá su energía y podrás beber el agua durante el próximo mes. Cada vez que bebas un sorbo de agua, tu cuerpo se revitalizará con este sentimiento poderoso y positivo. ¡Hazlo de manera constante y cumplirás tu deseo sin que te des cuenta!

9

15 HÁBITOS DIARIOS DE MANIFESTACIÓN QUE TRANSFORMARÁN TU REALIDAD

Es importante que pases tus días de forma productiva, de manera tal que pueda mejorar tu proceso de manifestación. Esto te permitirá mejorar tu rendimiento y atraer aún más cosas maravillosas a tu vida. Estoy convencida de que ya estás yendo por buen camino y te enfocas en cómo proyectar al mundo todas las bendiciones que quieres recibir. Con la ayuda que obtendrás de este libro, estoy segura de que triunfarás. Sin embargo, esto no significa que debes ignorar todos los otros aspectos de tu vida. De hecho, existen varios hábitos que puedes incorporar a tu rutina diaria para animar tu espíritu y encaminarte hacia una forma de vivir nueva y mejorada.

Asegúrate de comprometerte con este nuevo estilo de vida y experimenta con los hábitos que he compilado para ti a continuación. A pesar de que algunos de ellos puedan parecer algo estrictos, dales una oportunidad de todos modos. Los resultados te sorprenderán, ya que transformarás tu realidad exterior exactamente de la forma en la que siempre has soñado. Nada debe impedirte vivir la nueva versión de ti: más feliz, más saludable, más realizada y más abundante que nunca.

1. Escribe notas con tus objetivos y revísalas a menudo. Este es uno de los hábitos principales que tienes que incorporar a tu vida. Escribe todo lo que quieres lograr e incluye la fecha. Pueden ser metas a corto plazo u objetivos que cambiarán tu vida. No importa si son primordiales o no. Lo que sí importa es que evalúes tu recorrido e intentes descubrir cómo hacer que las cosas funcionen mejor para ti a la larga. Puedes usar una aplicación para poder llevar un registro de una manera más conveniente.

2. Memoriza esos objetivos. Por supuesto, no quiero decir que debes saberte todo el diario de memoria, ¡aunque eso sería impresionante! Sin embargo, debes repetir tus objetivos más importantes hasta que los sepas de memoria. Luego tendrás la posibilidad de repetir esas metas en tu mente una y otra vez. Es un buen hábito, sobre todo antes de dormir, repetirte a ti misma esas afirmaciones que te gustaría manifestar en tu vida.

3. Desglosa tus objetivos y celebra los pequeños logros. Te aconsejo que desgloses tus objetivos en otros más pequeños. Por ejemplo, si quieres perder 20 kilos, no puedes tener un solo objetivo. En cambio, concéntrate en el primer logro; perder el 5% de tu peso inicial. Cuando lo cumplas, ¡celébralo! Recompénsate por tu dedicación. Esto hará que fortalezcas tu motivación y te permitirá avanzar.

4. Escribe. Ya he hablado del poder de la escritura o de tener un diario, pero no me cansaré de decírtelo. Hazte el hábito de escribir todos los días, porque sin duda te ayudará a canalizar tu energía. También te permitirá ajustarte a tus objetivos y te ayudará a mantenerte alejada de todas las tentaciones. No necesitas que nada te retrase, ¿verdad?

5. Utiliza un tablero de visión. Incluso si no te convence esta idea en un principio, te aseguro que te atrapará. Sabes lo

importante que puede ser la visualización para manifestar tus deseos. Usa imágenes en un tablero donde puedas interpretar esos deseos y transformarlos en realidad. Puedes crear un tablero físico o digital. En lugar de cerrar los ojos y visualizar esas cosas, ¡ábrelos y disfruta!

6. Escucha meditaciones y audiolibros antes de irte a dormir. Tienes muchos audiolibros para elegir. Pero aún así, la mayoría de las personas están sumergidas en un estilo de vida frenético y literalmente no tienen tiempo para dedicarse a ellas mismas. Disfruta la productividad y solo relájate antes de ir a dormir. Todo este conocimiento se añadirá a tu mente sin que te des cuenta.

7. Cultiva un sentimiento de abundancia y practica la gratitud. Cuando te sientes abundante, lo proyectas al mundo y vuelve hacia ti. Este es el concepto que tienes que acatar cuando cultives ese sentimiento de abundancia. Al mismo tiempo, es igual de crucial que practiques la gratitud. Da gracias por todas tus bendiciones y házselo saber al universo.

8. Sonríe. ¡Tan simple como eso!

9. Sé amable contigo misma. ¿Por qué te castigarías por algo que hiciste? Tienes que apreciar quien eres y amarte más allá de las limitaciones.

10. Practica la respiración diafragmática. Prueba con respirar profundo desde el abdomen. Esto te permitirá usar el sistema nervioso parasimpático, el cual ayuda a la digestión y promueve la relajación.

11. Deja de mirar la televisión o, al menos, redúcela al mínimo posible. El tiempo que pasas frente a la televisión se desperdicia. Dejas de pensar y tu cerebro se abruma con tanta información fácil de digerir y todo ese contenido sin sentido. Además, la televisión te impide disfrutar de actividades mucho más provechosas; como ya sabes, el tiempo es dinero.

12. Haz ejercicio de manera frecuente. Cuando haces ejercicio, elevas de inmediato la frecuencia vibratoria de tu

cuerpo. Esto debería ser lo que te motive a incorporar una rutina de ejercicios a tu estilo de vida. Además, cuando te ejercitas, liberas endorfinas y te sientes feliz. ¡Tu salud también te lo agradecerá!

13. Come sano. Tu cuerpo es un envase y tienes que tratarlo con respeto. Muchas veces ignoramos su valor y solo nos concentramos en nuestra claridad mental y nuestra presencia espiritual. Escoge una dieta viable, que no solo nutra tu cuerpo sino que también lo ayude a sanar. El vegetarianismo en todas sus versiones, el veganismo, la dieta paleo o la mediterránea; estas son grandes opciones para que pruebes, siempre teniendo en cuenta la estacionalidad y los productos agrícolas locales.

14. Conéctate con la naturaleza. Disfrutar de la naturaleza y alinearse de verdad con su esplendor es un privilegio magnífico. Sal a dar un paseo y respira el aire fresco mientras escuchas el canto de los pájaros. Huele el aroma de las hermosas flores y observa las combinaciones de color en los campos y en el cielo. Disfruta de un hermoso amanecer o de un atardecer cautivador. Hay muchas cosas que crearán un equilibrio entre tú y lo que te rodea.

15. Despiértate temprano en la mañana. Por último, pero no menos importante, al menos debes intentar ser una persona matutina. Cuando te levantas temprano, tienes más tiempo para dedicarte a cosas que mejorarán tu calidad de vida. Date una buena ducha, medita o prepara un desayuno saludable. Date el tiempo que necesitas para despertarte lentamente, despierta tus sentidos con un sorbo de tu bebida favorita y prepara tu mente y tu cuerpo para un día lleno de energía.

¡Eso es todo! Por supuesto, eres más que bienvenida a agregar más hábitos positivos que contribuyan al progreso de tu experiencia de manifestación. Enfócate en lo que te haga sentir bien por dentro, porque eso es lo que vas a emitir. A cambio, la felicidad atrae más felicidad. La alegría genera alegría y regresa multiplicada. Amor, afecto, abundancia, éxito o crecimiento; ¡lo que se te ocurra!

No te resistas a la hora de esperar las manifestaciones

Has comenzado esta maravillosa aventura hacia tu yo superior y hacia manifestar tus deseos al mundo. Durante este recorrido, has pasado por algunos cambios realmente claves en tu vida. Has aprendido a relajarte y a evitar pensamientos negativos. Además, has dominado el arte de manifestar una emoción específica o una persona en particular. A lo largo de esta experiencia has pasado por algunos altibajos, y ahora estás lista para disfrutar los beneficios de la manifestación en todo su esplendor.

Sin embargo, un temor crece en lo más profundo de tu interior. Lo que comenzó como un pequeño ápice de duda ahora se ha salido de control. Cuando de manifestación se trata, todas estas expectativas que tienes pueden parecer lógicas para ti. Sin embargo, pueden pasar de ser patrones de motivación a ser el motivo de tu frustración. ¿No te parece contradictorio? Bueno, existe una delgada línea sobre la que me gustaría hablar. Por lo general, las expectativas son creencias fuertes que tienes sobre algo que estás segura que va a ocurrir. Por ejemplo, tal vez una de tus expectativas en la vida es tener abundancia. Estás segura de que ocurrirá y esto te hace sentir increíble.

Pasó un cierto tiempo, pero todavía no has llegado al punto de sentir que la abundancia fluye en tu vida. A pesar de que las expectativas de prosperidad te dieron alegría en el pasado, ahora se transforman en una amenaza. Es más, comienzas a cuestionarte la efectividad de tu actitud. "¿Estaré haciéndolo bien?", "¿por qué la manifestación no funciona para mí?", "¿qué me está pasando?" y "¿cuánto más tengo que esperar para obtener lo que merezco en la vida?" son algunas de las preguntas que pueden rondar por tu mente y que te causan un extremo desasosiego.

Si tus expectativas te provocan frustración, entonces ellas oponen una resistencia. Por lo tanto, tienes que soltarla. Está haciéndote daño y al mismo tiempo bloquea tu progreso hacia el cumplimiento de tus objetivos. Sé que tal vez he tocado un punto sensible con esta descripción, pero es mejor lidiar con ello tan pronto como suceda. En lugar de conformarte con estar estresada todo el tiempo, tienes que relajarte. Tienes que liberar la tensión que es generada por la resistencia. Lo que tienes que hacer es transformar tu mentalidad por una de esperanza. No te preocupes por cómo vas a lograrlo. Es una estrategia bastante simple, pero realmente efectiva.

Esperar que algo suceda significa que estás haciendo una cuenta regresiva hasta que sí suceda. Esto puede provocar un nivel tal de anticipación que no podrás controlar. Como resultado, te dará ansiedad y con el tiempo te dará una decepción. No puedes pasar tus días preocupada porque tu deseo aún no se ha manifestado. Esto es contraproducente y no te da ningún beneficio. Por otro lado, puedes invertir la situación de una forma muy sencilla. Lo que tienes que hacer es concentrarte en la sensación de expectativa y esperar que tu deseo se manifieste de inmediato. ¿Suena muy difícil?

Este cambio en tu mentalidad también se reflejará en tus afirmaciones diarias. Ya no pensarás en cosas como: *"espero que mi deseo se manifieste. ¿Por qué no se manifestó todavía? Debo estar haciendo algo mal"*. Por el contrario, tendrás pensamientos más positivos: *"ojalá mi deseo se manifieste. Ojalá esté haciendo todo bien y que mi deseo se manifieste pronto"*. Aunque estas dos formas de pensar tienen sus similitudes, la verdad es que son muy diferentes. La primera añade estrés a la mezcla, mientras que la segunda alivia tu alma y te llena de vibras positivas.

La práctica hace a la perfección

Cambiar tu vida de un momento a otro sería espectacular. Por desgracia, no es así como funciona la vida. ¿En qué parte está la diversión? Si fueras capaz de transformar tu vida con tanta facilidad, lograr una de tus metas no se sentiría tan increíble. Sería una mera parte de la realidad, algo que ocurriría de todos modos. Estoy segura de que ya has oído cientos de veces la frase "sin esfuerzo no hay recompensa". Sin embargo, esto no quiere decir que no debes intentar mejorar tu existencia y atraer todo lo que quieres recibir.

Esto es lo que hace la Ley de la Atracción, darte una mano para lograr las metas que te has propuesto alcanzar. No hace falta aclarar que no puedes esperar que estos objetivos se cumplan de la noche a la mañana. Toma como ejemplo la lista que compartí contigo, la de los 15 hábitos de manifestación diarios que harán maravillas por ti. Esto es genial y sin duda debes comenzar a aplicar esos hábitos. Pero ¿estás segura de que puedes hacer todas esas cosas? Incluso si es así, ¿cuánto tiempo crees que te llevará?

Comienza despacio y avanza de a poco, agrega cada vez un poco más cuando te sientas más cómoda. En este caso, puedes comenzar por sonreír más cada día y seguir una dieta sana, o puedes realizar actividad física como caminar de tu casa a la oficina y viceversa. Cómprate un diario y comienza a escribir lo que haces cada día. Descubre cuáles son las afirmaciones positivas que funcionan para ti para memorizarlas y repetirlas día tras día. Reduce el tiempo que pasas frente a la televisión, y a cambio sal de casa y admira la naturaleza.

Construye poco a poco tu vida de la forma en la que te haga más feliz y más satisfecha. Encuentra consuelo al darte cuenta de lo mucho que has crecido y de lo que realmente importa en la vida y al dejar de lado todos los pensamientos tóxicos. Incluso si tienes una recaída, nunca te castigues por eso. Piensa en ello como un pequeño obstáculo que solo te hará más fuerte. No lo consideres la punta del iceberg, porque esto solo te traerá una gran cantidad de estrés en el futuro.

En este proceso, la consistencia es vital. Tendrás que hacer un gran esfuerzo y continuar con tus hábitos a largo plazo. De lo contrario, todo tu trabajo duro se desperdiciará. Si eres consistente, aumentarás tus probabilidades de tener éxito. Recuerda que tienes que cambiar la frecuencia vibratoria de tu cuerpo. La mejor manera de hacerlo es emitir energía positiva desde adentro, y solo podrás lograrlo haciendo cambios a largo plazo en la forma en la que te sientes. Apégate a este régimen y disfruta los frutos de tu labor que aparecen frente a ti.

10

MEDITACIONES PARA IMPULSAR TU MANIFESTACIÓN

¿Estás preparada para unas meditaciones guiadas de manifestación para mujeres, bien poderosas, relajantes y alegres? En esta sección del libro, te voy a enseñar exactamente cómo debes meditar para poder atraer las cosas específicas que quieres en tu vida. Estas meditaciones te enseñarán a hacer foco en lo que es más importante para ti. Están explicadas con lujo de detalles para tu comodidad. Me aseguré de incluir meditaciones paso a paso que abarcan todo lo que necesitas, para que puedas grabar el texto del libro y volver a escucharlo como una meditación guiada si lo necesitas. ¿Qué te parece?

Recuerda que tienes que enfocarte en un solo objetivo cada vez que manifiestes. Si te entusiasmas demasiado e incluyes muchos deseos en tu manifestación, entonces vas a sufrir una gran decepción. La verdad es que la manifestación se divide en muchas ramas si agregas más de un deseo a la mezcla. Como resultado, la energía que emites no te dará los resultados que esperas. Para evitar toda esa incomodidad, es mejor que te concentres en solo un objetivo. De esta manera, serás capaz de lograrlo más rápido y de una manera más eficiente.

Meditación para manifestar cualquier cosa

Como nos sugiere el título, esta es una meditación flexible que puedes usar casi para cualquier cosa que desees atraer a tu vida.

Respira profundo. Este es el momento de despejar tu mente de todo pensamiento. No te aferres al mundo físico; déjalo ir. Solo concéntrate en lo que quieres atraer a tu vida. La manifestación puede ser relevante para cualquier cosa en tu vida. Sin embargo, tienes que ser lo más específica posible.

No tengas miedo de precisar con exactitud qué es lo que quieres manifestar. ¿Quieres ganar veinte mil dólares a fin de mes? ¿O quieres recuperar a tu ex en los próximos diez días? Tal vez tu deseo es ser una persona más sana y bajar tus niveles de colesterol lo más rápido posible. ¿Quieres atraer a un socio exitoso para que se una a tu negocio a fin de este periodo? Piensa en todos los detalles y evita ser imprecisa.

Respira profundo de nuevo, ahora mucho más relajada. Como estás relajándote, puedes acceder con mayor facilidad a lo más profundo de tu espíritu. Te abres y confías en esta meditación. Recuerda que ya estás experimentando lo que quieres manifestar. Confía en ello y, mientras tanto, vuelve a respirar profundo.

Ahora sientes que tu cuerpo suelta cada uno de los músculos. Tus músculos se aflojan y caen a tus pies, comenzando por las piernas. Tu abdomen se relaja y no sientes tensión en el cuello. Relajas la mandíbula y los músculos alrededor de los ojos. Todo tu cuerpo siente esa calma y liviandad en tu vida.

Respira profundo de nuevo e intenta percibir cualquier sentimiento negativo que tengas. Estoy segura de que aún quedan emociones persistentes que te impiden alcanzar tu energía femenina divina. Deja ir cualquier sentimiento negativo como el miedo, la duda o la depresión. Reemplaza estos sentimientos con energía positiva que fluye por todo tu cuerpo.

Ahora, concéntrate en lo que quieres manifestar. ¿Cómo te sentirías si ya tuvieras eso en tu vida? ¿De qué manera afectaría tu vida? ¿También cambiaría las vidas de quienes te rodean? Imagina todas las consecuencias de esta manifestación.

Tómate un momento para visualizar cómo le contarías eso a quienes forman parte de tu círculo íntimo de familia y amigos. Imagina sus reacciones y visualiza las charlas que tendrías con ellos. Ya lo estás viendo suceder frente a tus ojos.

Visualiza tu vida como si ya disfrutaras de esta manifestación. Percíbelo, siéntelo en tu corazón. Observa cómo es tu vida ahora después de haber atraído este deseo y enfócate en los sentimientos que experimentas. ¿Te sientes feliz? ¿Te hace sentir más motivada? Esto ya está ocurriendo en el presente; no cabe duda.

No hay restricciones, así que la forma en que se dé esta manifestación no hace ninguna diferencia. Es gracias a tus infinitas posibilidades que lo has atraído a tu vida, y ahora disfrutas de todos los beneficios que lo rodean. Ahora mismo tienes lo que quieres y eso es todo lo que importa. Esta es tu realidad; este es tu momento de brillar.

Continúa con tu visualización. Puedes verla, está frente a tus ojos, así que sabes que está allí. Si no es una visualización física, estás percibiendo las reacciones de ese deseo ya manifestado en tu vida, así que no puedes dudar de que ha sucedido.

Ahora, déjalo ir; suelta todas las visualizaciones y todos los sentimientos positivos. No te preocupes, no vas a perder tu manifestación. Esto te permitirá pasar a la acción y manifestar ese deseo en tu vida para siempre. Cada decisión que tomes te acercará cada vez más a tu objetivo.

Respira profundo y relájate. Sabes que tu subconsciente te guiará para que recibas lo que quieres sin ningún esfuerzo. Esta es tu convicción, nadie puede quitártela. Respira profundo y regresa a la realidad sabiendo que lo que has manifestado está en camino.

Cambia tu realidad

Si quieres atraer grandes cosas a tu vida, tienes que cambiar tu frecuencia. Esta es una meditación maravillosa que te ayudará a cambiar tu vibración y a su vez te permitirá manifestar todo en tu vida.

Esta es una meditación poderosa que transformará tu vida y toda tu presencia física. Ponte cómoda, recuéstate en algún lugar acogedor.

Respira profundo tres veces, inhala por la nariz y exhala por la boca. Esto te ayudará a relajarte, a calmar tus sentidos por completo y a prepararte para cambiar tu frecuencia.

Imagina que tus pensamientos y la tensión que acumulas a lo largo del día se disipan poco a poco, así que ahora te sientes liviana y relajada. Luego, visualiza una luz copiosa. Comienza a relajar los pies y los tobillos, y avanza hacia las piernas y el estómago.

Avanza hacia arriba y deja que cada célula de tu cuerpo absorba la maravillosa luz que estás visualizando. Sigue moviéndote hasta el pecho, el cuello y el rostro. La luz brilla sobre tu hermoso rostro y ahora por encima de tu cabeza.

Ahora, visualiza dos pares de zapatos. Los zapatos a la

izquierda reflejan a la antigua tú. Están desgastados y se los ve poco atractivos. Los zapatos a la derecha representan a la nueva tú, así que debes caminar con esos zapatos nuevos.

Imagina que estás caminando hacia tu manifestación. Tu deseo ya se ha hecho realidad, así que disfrutas esta caminata con tus zapatos nuevos y te sientes increíble. ¿Cómo te hace sentir esto? Experimenta todo este proceso y disfruta cada detalle.

¿Cómo se siente esta manifestación? ¿Qué cambios han sucedido? Míralos vívidamente. Expande esta sensación cada vez más. Deja que esta cálida sensación envuelva todo tu cuerpo. ¿Cómo te sientes?

Ya has recibido tu manifestación. Observa las reacciones de quienes te rodean y analiza tu propio comportamiento. Permítete asimilar esta experiencia, disfruta cada aspecto de esta manifestación en tu vida. ¿Qué otras oportunidades te traerá?

Observa los cambios en la nueva tú; te estás convirtiendo en una persona más madura, más inteligente y más realizada. Estás viviendo tu sueño. Eres la mejor versión de ti misma. Todos tus deseos se hacen realidad frente a tus ojos y te hacen sentir increíble. Te sientes plena.

Respira profundo por última vez y recuerda a la nueva tú. Debes acostumbrarte a esta sensación, porque atraerá todo lo que quieres en tu vida. Repite la misma meditación tantas veces como lo desees, por lo menos una vez al día durante un mes. Abre los ojos, estírate un poco y sonríe.

Meditación para manifestar una relación amorosa

Si quieres atraer el amor a tu vida, entonces debes seguir esta meditación poderosa. Te ayudará a abrirte y te preparará para conectarte con el mundo.

Respira profundo y asegúrate de que estés en el presente. Eleva el pecho para que los pulmones se expandan. Llena los pulmones de aire fresco lo más que puedas. Mantén el aire durante unos instantes y suéltalo de a poco. Repite el mismo proceso dos veces.

Deja caer el peso de tu cuerpo sobre la superficie debajo de ti y siente cómo te haces más liviana. Siente cómo tu energía fluye ligeramente. Respira suavemente y visualiza dos rosas, una al lado de la otra. Percibe los colores de las rosas y la textura de los pétalos.

Con los ojos cerrados, observa claramente estas dos rosas. Toma una de esas dos rosas y sostenla en la palma de tu mano. Ofrécela como un regalo a tu corazón. Sé amable y gentil. Mira cómo llena el vacío de tu corazón. Ha florecido y se abre dentro de tu pecho.

Este es un recordatorio del hecho de que tienes que amarte a ti misma. Admira esta rosa de amor profundo. Ella representa quién eres, junto con tu ternura, tu honestidad y tu capacidad para lograr una conexión profunda con quienes te rodean. Ella demuestra que puedes conectar incluso con quienes no has conocido aún.

Piensa en la calidez de tu sonrisa y la suavidad de tu tacto. Eres única, una diosa innata que influye a quienes te rodean. Si no lo sabes todavía, recuerda que eres una verdadera bendición en este mundo.

Ahora, visualiza la segunda rosa. Obsérvala con cuidado, mira cada pequeño detalle. Es una flor delicada y fresca. Si miras con atención, te darás cuenta de que la segunda rosa también es única. Esta traerá a una pareja amorosa y cariñosa a tu vida.

Siente tu deseo de amar y ser amada: te mereces experimentar esa sensación. Felicítate por el valor de amarte y mantenerte a ti misma. Debes ser feliz, porque tienes que darle afecto a otra persona. Disfrutas de un vínculo único con tu pareja; esa es tu intención honesta. Mira cómo las dos rosas se funden en el centro de tu corazón. Se ha logrado la conexión. Las dos flores se comprometen a amarte a ti misma por completo, mientras que también reciben el amor de tu pareja. Es un sentimiento maravilloso que proviene de tu intención más pura.

El universo siempre te guía y te lleva hacia una persona que te nutre, te ama, te respeta y te acepta tal cual eres. Una persona que atesora cada momento que pasa contigo y te ama sin condiciones.

Visualiza nuevamente las dos rosas y repite esta misma meditación cada vez que desees atraer amor a tu vida. Respira profundo de nuevo y enfócate en tu cuerpo. Siente cómo tu cuerpo vuelve a conectarse con la tierra, y abre los ojos lentamente.

Meditación para atraer el éxito a tu vida

Esta es una gran meditación para recibir el éxito en tu vida. Se utiliza sobre todo para atraer la abundancia y los logros profesionales.

Debes mantener tu cuerpo en contacto con la tierra, así que tienes que encontrar una posición en la que estés sentada cómodamente. Tus pies están en el suelo y los hombros están relajados y flojos. Respira lento y profundo.

Tómate un momento y trae a tu mente pensamientos de éxito. Visualízalos y disfruta de las grandes expresiones de éxito. Tu mente puede ahondar en los momentos de éxito más gloriosos y traerlos a tu atención.

Debes estar orgullosa de lo que has logrado hasta ahora, dados esos momentos de éxito que se te vienen a la mente. Ahora es el momento de tomar el control total de tu vida y acentuar el éxito.

Este es el momento de comenzar a hacer todas las cosas que habías postergado. No más dificultades, no más ansiedad, y no más estrés; estás dejando ir tus hábitos pasados e incorporando nuevos hábitos a tu vida. Estás preparada para dar el siguiente paso hacia el éxito. Estás lista para los hábitos positivos, como ser más organizada.

En el pasado, has dejado cosas para después. Aplazar proyectos, evitar el trabajo y tomar malas decisiones ya no son una opción. Ahora estás lista para sentar las bases de una vida positiva.

Respira profundo y expande el pecho. Respira de nuevo, lento y profundo. Te has dado cuenta de que debes ocuparte de algunas cosas desagradables y afrontarlas con actitud. Esta es la única forma de que tengas éxito en tu vida adulta. No evites las tareas que no te gustaba hacer en el pasado.

No dejes que tu ego tome el control, porque estás lista para entrar al camino del éxito. Deshazte de todas las predicciones y todos los pensamientos negativos. Esto permitirá que la energía positiva fluya por todo tu cuerpo y en tu vida diaria.

¿Cuáles son los hábitos que quieres incorporar a tu vida? Visualízalos en detalle para experimentarlos y hacer una diferencia en tu camino al éxito. ¿Quieres comprometerte a levantarte temprano o afrontar las finanzas de tu negocio? Convierte esos pensamientos en hábitos.

Estás preparada para experimentar una sensación de libertad a medida que te haces más fuerte a nivel emocional y mental. Este es el camino hacia el éxito para ti. Cada día, el trabajo se hace más fácil y progresas a la hora de perseguir nuevos hábitos positivos.

Haz una promesa de que te apegarás a tus nuevos compromisos, no importa lo difíciles que puedan ser. Esta es la forma de alcanzar la grandeza, así que estás dispuesta a tener éxito. Tu éxito vendrá de manera natural, libremente y sin ningún esfuerzo.

Respira profundo de nuevo y poco a poco vuelve a hacerte consciente de tu cuerpo. Has estado en contacto con la tierra, así que abre los ojos y dale la bienvenida a tu nueva realidad. Bienvenida al camino del éxito.

II

MANIFIESTA LOS
OBSTÁCULOS Y VÉNCELOS

"¿**P**or qué la Ley de la Atracción no funciona para mí?".
Esta es probablemente la pregunta más
frecuente y representa algo que siento que
tengo que explicar más en detalle. Es verdad que no todas
las personas que practican la Ley de la Atracción ven resultados. O para ser más precisa, no los ven, a no ser que
reconozcan lo que han estado haciendo mal. Si quieres
tener éxito en este camino y atraer todas las cosas que
quieres en la vida, tienes que estudiar. Es imprescindible
que entiendas por completo la ciencia detrás de la Ley de la
Atracción.

En capítulos anteriores, he explicado los principios
básicos de la Ley de la Atracción. En esencia, tienes que
entender que la vibración atrae más vibración y que cada
persona tiene su propia frecuencia resonante. Cuando
alcanzas esa frecuencia resonante, puedes tener éxito literalmente en todo. Lo que debes hacer es cambiar tu frecuencia
vibratoria y tus patrones de pensamiento para alinearte con lo
que deseas. El universo trabaja con el tiempo y espacio. Por lo
tanto, tienes que alinearte con esa frecuencia vibratoria todo

el tiempo. De lo contrario, no serás capaz de atraerla a tu vida.

Dicho esto, solo somos humanos. Esto quiere decir que estamos destinados a cometer errores. Un pensamiento negativo, un periodo de desazón o un ataque de pánico pueden generar obstáculos y dificultar tu progreso mientras intentas manifestar tus deseos. Es justo que reconozcas cuáles son esos obstáculos para poder lidiar con ellos de manera eficiente. ¿Cómo puedes saber cuáles son tus obstáculos? ¿Cómo puedes deshacerte de estos obstáculos en tu camino a manifestar tus deseos al mundo?

Atraes más de lo que sientes, en vez de lo que piensas, en un momento determinado. El universo percibe por qué quieres algo en tu vida. Si estás manifestando algo porque sientes que te falta, el universo te lo desmentirá y terminarás sin obtener lo que quieres. Por este motivo es crucial que sientas la abundancia, para atraer la abundancia de nuevo hacia ti. Intenta sentir la plenitud. Tus emociones y tus pensamientos son los que transforman tu realidad, y no al revés.

Intentar que algo suceda es muy masculino, y esto es muy bueno en ciertas ocasiones. Sin embargo, esto no funciona bien en tu vida amorosa; piénsalo de este modo. Cuando intentas visualizar a la pareja de tus sueños, tienes que enfocarte en dejar que venga a tu vida. En ese instante, deberías pasar a tu energía femenina. De lo contrario, comenzarás desde una posición de escasez; manifiestas a la pareja de tus sueños porque no la tienes, y esto será una catástrofe para ti. Cuando de temas del corazón se trata, tienes que sacar tu energía femenina. Esto te ayudará a establecer el enfoque para darle la bienvenida a lo que ya visualizas en tu vida.

Otro obstáculo que quizás no tienes en cuenta es el impacto de tus manifestaciones en los demás. A pesar de que pensarías que ellos no afectan demasiado a tu manifestación, en realidad sí. Imagina que quieres viajar por todo el mundo y descubrir diferentes culturas. Esta es una oportunidad maravillosa para ti que te llena de emoción y alegría. ¿Pero qué hay de tus padres sobreprotectores o de tu amorosa pareja? ¿Ellos comparten tu entusiasmo o acaso esta manifestación sacará a relucir emociones negativas?

Lo que tienes que hacer en este caso es reinterpretar las consecuencias negativas de tu deseo ya manifestado como creencias empoderantes. Tienes que asegurarte de que tu manifestación genere alegría en los demás; es la forma en la que el universo concederá tu deseo. Por ejemplo, puedes visualizar que te comunicas con tus padres con frecuencia y que ellos están orgullosos de ti por seguir tus sueños. Tal vez tienes problemas para realizar esta reinterpretación en un principio. Esto solo mejorará con el tiempo, porque tu cerebro poco a poco se reprogramará para pensar en positivo. Y no solo eso; tu mente subconsciente seguirá el mismo camino.

Muy a menudo, cambiar tu mente te impedirá manifestar lo que quieres. Esto sucede porque quieres muchas cosas diferentes y no te das el tiempo suficiente para procesarlo y alinearte con esa frecuencia vibratoria particular para atraerlo. No sigas de largo; por el contrario, encuentra lo que en verdad quieres. Aférrate a ese objetivo y no lo sueltes hasta que se haya manifestado. Luego, por supuesto, puedes seguir algo diferente. Sin embargo, no confundas así al universo y no pierdas el enfoque.

Antes de completar esta referencia de obstáculos que puedes llegar a encontrar durante la manifestación, tienes que dejar en claro la diferencia entre la visualización enfocada y la meditación. A menos que sepas cómo usar cada una de estas técnicas, tal vez bloquees tu progreso al momento de la manifestación. Así que, a través de la meditación, usas el *mindfulness* para hacerte más consciente. Básicamente, cambias tu mentalidad, intentas alcanzar la claridad mental y un estado mental de calma. Por otra parte, la visualización enfocada te permite concentrarte en lo que quieres atraer. Es más clara y puedes hacerla en cualquier momento. Simplemente te deshaces de las distracciones y te concentras en lo que quieres lograr.

¿Tu integridad personal se entromete?

¿Dentro o fuera de tu integridad? No puedes fingir la Ley de la Atracción. La integridad es tu conjunto de principios: tu código ético que te lleva a comportarte de una forma en particular. Cada vez que haces cosas que no se ajustan a tus ideales, sientes vibraciones negativas. Esto, a su vez, conduce a obstáculos en tu camino hacia manifestar tus deseos y volverlos realidad. ¿Suena como algo que quieres en tu vida? Es una pregunta retórica, porque sé lo comprometida que estás con la manifestación y con alcanzar tu yo superior.

Existe un antídoto que puedes usar para contrarrestar este veneno. Ser honesta, pagar tus deudas y evitar pedir prestadas cosas de los demás. Sé amable con las personas que te rodean y nunca digas chismes sobre ellas. Nunca hagas una promesa que no tienes pensado cumplir. Sé puntual y justa en tus decisiones. Todo lo que digas y hagas tiene que estar basado en estos valores. No caigas en la vorágine de la mentira, incluso si son "mentiras piadosas" o inocentes en tu opinión. Hasta esas mentiras te impedirán lograr tus metas. Le pondrán trabas a la energía positiva pura que quieres en tu vida.

Es importante que te mantengas fiel a ti misma; si no, te enfrentarás a un dilema moral. Incluso si intentas racionalizar, nunca podrás justificar tus acciones si tergiversas la verdad. Solo visualiza que te pones en el lugar de la otra persona a quien estás afectando con tu comportamiento. ¿Cómo te sentirías si algo similar te ocurriera? Si hubiera una persona que se comportara de una manera similar a ti, ¿estarías cómoda? ¿O te sentirías frustrada y fuera de lugar?

Todas las personas cometen errores y es bastante entendible. No puedes controlar cada uno de tus pensamientos todo el tiempo y de vez en cuando es esperable dejarse tentar. El mundo, después de todo, es un lugar exigente. Cada día interactúas con personas. Tomas decisiones sobre todo, desde la cosa más insignificante hasta el logro más crucial. Recuerda que esto no es una competencia: es tu vida la que intentas mejorar. Después de haber entrado en un callejón sin salida de mentiras y falsedad, tu vida se hará mucho más difícil.

Tienes que comprometerte a ser responsable de tus acciones. Si siempre pones excusas por tu mal comportamiento, lo haces para sentirte mejor con tus decisiones particulares. Sin embargo, esto no funciona a la larga. Después de un tiempo, notarás el cambio en tu frecuencia vibratoria. Todo tu equilibrio se derrumbará y te dejará en el aire. Incluso si haces bien todo lo demás, no lograrás ver los resultados que anticipaste en tu proceso de manifestación.

Redímete haciendo todo lo posible para mantener el equilibrio en el mundo. No puedes cambiar tu pasado; eso no se negocia. Sin embargo, mediante la redención, cambiarás tu vibración mientras haces algo bueno por otra persona; esto permitirá que tu vibración cambie. Es una lucha constante y debes ser consciente de las adversidades, pero jamás te comportes de una manera que haga daño a los demás. Ese es el epítome de soltar tu vibración y dañar tu psiquis. ¿Cómo puedes esperar manifestar después de eso?

Cinco mitos perjudiciales sobre la manifestación que pueden hacerte daño

Tiene sentido que ahondes en la Ley de la Atracción y en el concepto de manifestar tus deseos en el mundo. Hay demasiada información ahí afuera, así que es muy fácil para ti buscar y recopilar un montón de recursos para estudiar. Sin embargo, tienes que tomar todo con pinzas. En otras palabras, no te creas cualquier video que veas en YouTube.

No creas en todo lo que escuchas, sobre todo si contradice tus creencias o lo que sabes sobre el tema. Créeme, a veces menos es más. A continuación, me referiré a cinco de los mitos más peligrosos que existen sobre la manifestación. Esto lo hago para protegerte y motivarte a comparar todo lo que aprendes sobre la Ley de la Atracción.

Uno de mis favoritos personales es el mito de la condición. Hay personas que afirman que puedes manifestar tus deseos y obtenerlos sin cuestionamientos. El único requisito es que pongas en práctica la regla de la condición. Sin embargo, esconde un miedo más profundo: estoy hablando de la trampa de la exoneración. La vida está llena de desafíos. Para poder lograr algo, tenemos que dedicar tiempo y esfuerzo. La insatisfacción y no obtener las cosas que queremos forman parte de nuestras vidas. En ocasiones, cuando algo que quieres no se manifiesta en tu vida, es una lección del universo. No tienes que pensar en ello como un castigo. Decepcionarte por tener que esforzarte para lograr algo es contraproducente y te impide apreciar del todo el verdadero significado de la vida.

Seguimos. Existe la idea errónea de que puedes manifestar cosas incluso si no estás lista para recibirlas en tu vida. No podría estar más lejos de la verdad. Tienes que convertirte en la persona adecuada para recibir las cosas adecuadas. Déjame darte un ejemplo. Si alguien gana un millón de dólares sin haber trabajado un solo día de su vida, entonces no tienen la más mínima idea de cómo invertir ese dinero. No han pasado por el proceso de ganar el dinero, aprender a formar un negocio productivo, y demás. Como resultado, básicamente, viven tiempo prestado y terminan en la quiebra. ¿Qué sentido tiene recibir una bendición cuando claramente no estás lista para recibirla en un cierto momento?

Otro mito que puede entrometerse y potencialmente hacerte daño en tus intentos por manifestar tu deseo en tu vida es compartir en exceso. Sé que te entusiasma mucho la Ley de la Atracción. Eso es genial, y nada me gustaría más que ver que se cumplen tus expectativas y que incluso las superas sobre la marcha. Sin embargo, existe una delgada línea que jamás debes cruzar. Cuando le cuentas a los demás lo que tratas de hacer, te arriesgas a la posibilidad de atraer emociones negativas. Si ellos están celosos de tu éxito manifestado y tu felicidad, proyectarán esa energía negativa en ti. ¿Estás segura de que quieres eso en tu vida?

No tienes que volverte una persona reservada. Solo filtra las cosas que compartes para mantener una vida social equilibrada sin ningún tipo de problemas sobre la marcha. No estoy diciendo que tienes que ser introvertida o mentirle a las personas. De hecho, he explicado cómo las mentiras pueden tener un efecto negativo sobre tus manifestaciones. Aún así, no hay razón por la que los demás deberían saber hasta el más mínimo detalle de cómo has logrado tantas cosas. Obviamente, no tienen que saber cuánto dinero tienes en el banco y cómo la Ley de la Atracción te ayudó con eso. Créeme, esto te ahorrará un montón de sufrimiento.

El cuarto mito sobre la Ley de la Atracción es sin duda la cantidad de tiempo que te toma lograr tus metas. Con toda honestidad, ¿cómo esperas que algo tan maravilloso aparezca en tu vida de la noche a la mañana? Son afirmaciones ridículas. Es igual que afirmar que una dieta específica te hará perder diez kilos en una semana. Por supuesto, estas declaraciones no son válidas y perjudican tu determinación. Una vez que veas que tus manifestaciones no se cumplen en un periodo corto de tiempo, tiene sentido que uno se desanime. La incredulidad entra en tu mente y te impide crecer.

Por último, un mito sobre la manifestación que se repite constantemente es la obsesión por las posesiones materiales. Muchas personas creen que tener más dinero o una casa de lujo eliminará automáticamente cualquier emoción negativa que tengan. ¡Ojalá las cosas fueran así de simples! Bajo ninguna circunstancia debes idolatrar el dinero o las posesiones. Ese no debe ser tu objetivo o un medio para lograr lo que quieres. Lo único que pueden darte es paz mental con respecto a tu futuro financiero. Ellos te permiten hacer más cosas, pero está en ti encargarte de los recursos que recibes.

Como puedes ver, hay varias ideas erróneas que pueden entorpecer tu oportunidad de brillar y lograr tus objetivos personales. Establece objetivos racionales y siempre analiza las cosas que lees o escuchas en un podcast, un video o una conversación. Confía en tu propio poder y haz lo que te haga feliz sin entrometerte con la frecuencia vibratoria de tu cuerpo. Ahora, avancemos al capítulo final de este libro, donde expondré un inspirador ritual diario que te ayudará a manifestar.

LA FÓRMULA SECRETA DE 30 MINUTOS DEL RITUAL DIARIO DE MANIFESTACIÓN FEMENINA

Es importante que sigas un ritual diario que te permita comenzar tu día de una forma productiva y te haga sentir increíble. Esto establece el tono de tu frecuencia vibratoria elevada para poder atraer lo que quieres manifestar en tu vida. Por supuesto, puedes agregar tus toques personales y crear el ritual matutino perfecto para realizar día tras día. Despiértate temprano en la mañana, porque te permitirá apreciar la naturaleza en todo su esplendor. Afuera está tranquilo, porque el mundo no ha iniciado su frenesí. Te despiertas y te preparas para un día lleno de emociones. Hacer la cama te dará una sensación de logro, un hermoso sentimiento al que puedes aferrarte a lo largo del día. Escribe tu propia rutina y pégala en la pared para que te inspires; ¡funciona!

Apenas te despiertes, abre las cortinas y deja que la luz natural llene todo el cuarto. Esta es una forma simbólica de purificar y limpiar el entorno en el que estás, mientras que al mismo tiempo animas tu espíritu. Abre las ventanas e inspira ese aire fresco. Se siente rejuvenecedor, ¿verdad? Todo esto, por supuesto, dependerá de dónde vives. Si vives en el campo o si tienes un jardín, podrás sentir el aroma de las fragantes flores y hasta podrás oír el canto de los pájaros alegres. Si no estás en el campo, no importa. Aprecia el lugar en el que estás y quédate en el presente.

Mantén tu hogar limpio y libre de desorden. No puedo repetirlo las suficientes veces. Tu espacio personal es un reflejo de lo que sucede en tu interior; por lo tanto, un hogar abarrotado quiere decir que eres un desastre. ¿Cómo puedes soportar esta situación? Por otro lado, si limpias con frecuencia, todo estará en su debido lugar. Esto te hará sentir mejor y proyectarlo al mundo que te rodea. De un modo similar, presta atención a tu higiene personal y tu apariencia física. Esto no tiene nada que ver con la vanidad. Sin embargo, tienes que apreciarte a ti misma y tratarte como la diosa que eres.

Ahora es el momento de avanzar al ritual matutino propiamente dicho, el cual te dará la oportunidad de expandir tu manifestación. No te llevará más de treinta minutos, lo cual es absolutamente genial. Este es el tiempo justo para dedicarte a ti misma, promover tu crecimiento personal y asegurarte de que vayas por el buen camino hacia la felicidad, la abundancia y el amor.

1. Después de levantarte, tómate unos momentos para

enfocarte en tu respiración. Esta es una gran forma de relajar tu mente y recuperar ese equilibrio perfecto en tu cuerpo. Respira por la nariz y exhala por la boca. En lugar de la respiración agitada a la que estás acostumbrada, intenta con la respiración abdominal. Como resultado, sentirás que tus pulmones se llenan de aire a su máxima capacidad. Suelta el aire hacia tu entorno poco a poco. Ahora, cubre una de tus fosas nasales y respira por la otra. Por si no lo sabes, siempre usamos una sola fosa nasal para inhalar y exhalar. Después de unas horas, usamos la otra. Por lo tanto, controlar tu respiración de esta manera te permitirá relajarte aún más. Relaja tu mente, establece tu intención, confía en el universo y deja que las cosas fluyan hacia tu vida.

2. Después, es el momento de agradecer. Dedica solo cinco minutos a una meditación de gratitud. Escribe un diario de gratitud, en el que expreses tu gratitud por todas las bendiciones que ya tienes en tu vida. Escribe afirmaciones como si ya fueran reales para destacar esta sensación de logro personal. Cierra los ojos y piensa en todas las cosas por la que estás agradecida en la vida. Estás sana, tienes un hogar y estás rodeada por una familia y amigos que te aman. Puede ser cualquier cosa, siempre y cuando seas agradecida. Además de lo que ya has logrado en la vida, también tienes que incluir las cosas que quieres atraer. Son cosas que quieres que lleguen a ti, así que asegúrate de dar las gracias por ya tenerlas. Esto generará la frecuencia perfecta para que puedas atraerlas hacia ti de inmediato. No te olvides de sonreír, porque es en esencia la manifestación de tu felicidad.

3. Dedica algo de tiempo a escribir en un diario todos los días y practicar escritura. Aquí es donde debes incluir tus afirmaciones personales, las cuales aumentarán tu confianza y te mantendrán motivada. Lee las afirmaciones que ya has escrito y deja el diario en un lugar donde tengas fácil acceso a él.

Tómate unos momentos para repetir estas afirmaciones en voz alta. Cuando lo hagas, sentirás que tu espíritu se eleva de inmediato. Eso es lo que necesitas en tu vida. Obviamente, puedes practicar escritura a lo largo del día o incluso justo antes de irte a dormir. Sin embargo, si lo haces temprano en la mañana, esta actividad te dará el impulso de energía que necesitas para tu día.

4. Después de haberte enfocado en tus tareas mentales, es momento de eliminar la energía estancada. Tienes que ponerte en movimiento. Te sugiero que hagas una sesión de yoga o pilates, pero eres tú quien decide. Si tienes ganas, puedes bailar al ritmo de tu música favorita. En su defecto, puedes elongar y hacer un poco de cardio. Subirte a la caminadora es una buena forma de sentir la energía fluyendo por tu cuerpo mientras aumentas tu frecuencia vibratoria. No hace falta decir que las actividades al exterior son aún mejores. Si hay buen clima, sal a caminar o a correr.

5. Ahora, ve al baño. Es el momento de relajarte y eliminar todos los pensamientos negativos que atraviesan tu mente. Tómate una ducha y siente las propiedades sanadoras del agua. Disfruta la atmósfera relajante mientras aflojas los músculos y despiertas tus sentidos por completo. Luego, ponte maquillaje. Haz lo que sea que te haga sentir hermosa, tal y como eres. Irradias un brillo que surge desde tu interior, porque te presentas como la mejor versión de ti misma. Por último, ¡no te olvides de sonreír! Escoge las prendas que vas a usar y prepárate.

6. Por último, pero no por eso menos importante, prepara un desayuno saludable. Comienza tu día con alimentos enteros, sin ningún tipo de proceso. Puedes tomar un batido o comer ensalada de frutas. Asegúrate de incluir superalimentos que te permitirán obtener el omega 3, los antioxidantes y las vitaminas que necesitas en el día. Las semillas de chía, el lino,

el aguacate o los frutos rojos son excelentes alimentos para comenzar el día, junto con un poco de té de hierbas o café. Este es el momento para relajarte, revisar tus correos o echarle un vistazo a las redes sociales. Escucha algo de música y haz planes para el resto del día.

Ahora estás perfectamente alineada con la energía del universo y esperas con ansias atraer todas las cosas que quieres recibir en tu vida. ¡Buenos días, corazón!

Haz un pequeño cambio en tu rutina de manifestación para ahorrar tiempo

Lo que deseas es intensificar tu energía positiva y empoderar tu manifestación. En vez de pasar cientos de horas intentando hacer que las cosas funcionen, tienes que enfocarte en lo que mejora tus intentos. Existen varias cosas que puedes hacer para aprovechar el tiempo que te lleva poner en marcha tu rutina de manifestación. Puedes usar velas perfumadas mientras meditas o puedes disfrutar del poder de las hierbas. Sin embargo, si tuviera que escoger una sola cosa para optimizar tu rutina de manifestación, sería el uso de los cristales.

Cuando usas los cristales en tu manifestación, ellos estimulan tu energía de una manera incomparable. Aunque todo en el universo tiene su propia vibración, algunos elementos como los cristales contienen una vibración mucho más poderosa. Por lo tanto, tienen el potencial de amplificar tus intenciones y proyectarlas al mundo. Esto es lo que tienes que lograr. Obtén los mejores resultados dedicando el menor tiempo posible a recibirlos. A continuación, he seleccionado tres de mis cristales favoritos. Todos ellos son ideales para usar en tus manifestaciones, en tanto respetes sus características particulares.

La amatista es un cristal extraordinario que te permite lograr una conexión profunda con la fuente de tu energía. Esto es lo que debes lograr al intentar manifestar tus deseos. La amatista es una opción maravillosa porque estimula tu confianza interior y también relaja tus sentidos. La amatista es responsable de promover tu iluminación espiritual, porque se alinea con el chakra del tercer ojo. Al usar la ametista en tus manifestaciones, purificas el negativismo que te rodea y proteges la conservación de tu energía.

El cuarzo rosa es otro cristal que te ayudará al momento de manifestar el amor; le dicen "la piedra del amor" por alguna razón. Este cristal se alinea con el chakra del corazón. Si has pasado por una experiencia traumática, el cuarzo rosa empoderará tu sanación. Si estás en una relación, tiene sentido usar el cuarzo rosa. Este cristal especial te permitirá atraer compasión, amor y afecto y derribará los muros que algunas personas construyen en sus corazones. Son las características de la relación perfecta, ¿verdad? Si todavía no estás en una relación, prueba con dejar el cuarzo rosa debajo de tu cama y mira lo que sucede.

Por último, tal vez el mejor cristal que puedes usar para optimizar tu manifestación es el citrino. No solo mejora el optimismo, sino que también es genial para la claridad mental y la abundancia. Es un cristal que elimina las toxinas: en un mundo en el que estamos rodeados de personas y pensamientos tóxicos, tiene una importancia primordial. Elimina toda la negatividad y prepara tu mente para el éxito. Entonces, para que puedas acceder a tu poder personal y construir aún más tu confianza, tienes que usar el citrino.

Este cristal está conectado al plexo solar, el cual fortalece tu intuición.

Obviamente, puedes experimentar con muchos cristales diferentes. Tienes maravillosos elementos preciosos para elegir, entre ellos la obsidiana negra, la pirita, la aventurina verde y el jade verde. Además, puedes escoger el zafiro amarillo, el topacio, el zircón, el rubí y la hematita, por nombrar solo algunos. Siempre y cuando leas las propiedades de cada cristal, podrás usarlos a tu favor. Si no puedes decidirte, puedes combinarlos. De hecho, hay cristales que funcionan sumamente bien cuando se los combina con otros.

Aparte de comprar los cristales, tienes que aprender a usarlos. Primero que nada, debes purificar el cristal minuciosamente. No sabes en dónde ha estado el cristal y quién lo ha usado. Tienes que quitarle toda la energía negativa que está estancada. Puedes hacerlo en la naturaleza; puedes limpiarlo en las aguas cristalinas de un pequeño arroyo. Esto también absorberá la energía y la vitalidad de la naturaleza. Puedes limpiarlo en tu casa con agua corriente, por supuesto. Además, puedes usar sales del Himalaya.

El próximo paso es cargar el cristal que acabas de comprar. Colócalo bajo la luz de la luna; sería ideal en luna llena. Ten cuidado de no dejar el cristal bajo el sol, porque su color puede difuminarse. Esto aplica a todos los cristales, no solo al citrino. Por último, tienes que consagrarte al cristal; en otras palabras, tienes que establecer tus intenciones. Para hacerlo de la manera adecuada, tienes que ser bien consciente de las propiedades del cristal. Ahora estás preparada para conectar con el cristal a un nivel más profundo. Sostenlo en tus manos y acércalo al plexo solar. Cierra los ojos, mantén las vibraciones elevadas y una mente clara y pura. En este momento, tienes que concentrarte en lo que quieres manifestar. Házselo saber a tu cristal.

Ritual nocturno

¿Has tenido en cuenta alguna vez al sueño como una sesión de meditación superlarga? Dormir permite que nuestro cuerpo se reajuste y se prepare para un nuevo día lleno de posibilidades. En ocasiones, las personas están tan exhaustas que se meten a la cama y se quedan dormidas de inmediato. Pasa un minuto, tal vez menos, y ya: dormidas como un bebé. Sin embargo, otras tienen problemas para dormir debido al estrés y a los pensamientos que invaden su mente. Tenemos que aceptarlo: nuestro tiempo de sueño es demasiado largo como para soportar la energía negativa.

Es por esta razón que debes tomarte el tiempo de realizar un ritual nocturno simple pero relajante. Te sentirás más liviana y te enfocarás en lo que realmente importa. No tiene sentido perder el sueño y preocuparse por cosas que no puedes controlar. Al contrario, puedes usar el sueño como un medio para manifestar. ¿Qué te parece? Cuando duermes, te pones en contacto directo con tu mente subconsciente. Entonces, si puedes canalizar tus deseos de una forma que les permita llegar a tu subconsciente, tendrás éxito en tu manifestación. Definitivamente vale la pena intentarlo. ¡Te prometo que cambiará la forma en la que te sientes y manifiestas!

Primero que nada, prepara una reconfortante bebida caliente. Por ejemplo, una taza de té de manzanilla te permitirá relajarte. Si quieres, puedes beber leche caliente. Elonga un poco y relaja tus músculos. Tu cuerpo debe sentirse libre y liviano. Cuando elongas, liberas las tensiones del cuerpo. Esto te permitirá prevenir calambres o cualquier otra sensación incómoda que pueda perturbar tu sueño. Luego, puedes escuchar un podcast motivacional o un video lleno de cosas positivas que puedas usar como inspiración. Una meditación guiada te preparará y te relajará profundamente.

Despeja todos los pensamientos que tengas y todos los traspiés que hayas tenido a lo largo del día. Estoy segura de que tienes demasiadas cosas en la cabeza, pero intenta compartimentar. Justo antes de irte a dormir, no tienes que preocuparte por cosas que no puedes controlar: eso no te llevará a ninguna parte. Solo interrumpe tu tranquilidad y lo más probable es que conduzca a una noche sin dormir. Lo que tienes que hacer es amplificar las emociones positivas y cubrirte de ellas. Ellas te guiarán hacia la escritura. Convéncete de no saltar al abismo emocional que tienes frente a ti para buscar consuelo. Practica la gratitud, porque nos transforma por naturaleza a una frecuencia vibratoria positiva. Todo eso crea una oleada positiva de fuerza en tu vida.

Por supuesto, tienes que mantenerte alejada de la tecnología antes de irte a la cama. A pesar de que revisar tu teléfono es tentador, esto llenará tu mente de información para manifestar. Guarda tus dispositivos en un lugar fuera de tu alcance al menos una hora antes de dormir. Si necesitas una motivación extra para hacerlo, piensa que la luz azul que emiten esos dispositivos pasan factura en tu cuerpo. Esta reduce la producción de melatonina, responsable de regular el sueño mediante el control de tu ritmo circadiano. ¿Por qué jugarías con eso a propósito?

Otra cosa que tienes que considerar antes de dormir es la meditación. No tiene que ser sofisticada ni tiene que ocupar mucho de tu tiempo valioso. Solo practica tu respiración, para relajarte y entrar en un estado inconsciente. Sé testigo de tus sentidos sin hablar. Siente la respiración, absorbe los aromas y escucha el sonido del silencio. Este es el secreto que te permitirá meditar de manera adecuada. Después de haber completado tu meditación, puedes continuar con tu visualización enfocada. Como mencioné antes en el libro, la meditación te permite mantener la calma. Por otro lado, la visualización te ayuda a enfocarte en el deseo que quieres manifestar.

Por último, suelta. Deja de pensar. Como ya sabes, la Ley de la Atracción no funciona con las expectativas. En vez de apegarte a algo, debes desapegarte. Entonces, después de dejar a un lado tu teléfono, después de haber escuchado un video inspirador mientras bebes sorbos de té de jazmín o después de haber meditado y visualizado tus deseos, es el momento de soltar. Repite la siguiente frase y no pienses en nada más: *"Universo, estoy agradecida por todo lo que tengo en mi vida. Lo que tiene que ser, será"*.

CONCLUSIÓN

Estoy tan contenta de ver que has terminado de leer mi libro sobre la manifestación para mujeres. Estoy muy orgullosa de ti por alcanzar tu yo espiritual y dar lo mejor de ti para mejorar tu vida en tantos sentidos diferentes. Te mereces ser feliz; por lo tanto, tienes que poner la teoría en práctica y embarcarte en un maravilloso viaje a los sentidos. Con suerte, esta ha sido una experiencia reveladora para ti, que te ha ayudado a aclarar todas las cosas que tal vez no entendías hasta este momento.

La Ley de la Atracción es un regalo precioso que se te ha concedido generosamente para cambiar tu vida. Tienes que mantenerte enfocada y analizar todos los aspectos de cómo hacer que funcione para ti, basándote en tus propios requisitos especiales. Ahora que ya hemos cubierto los principios de la manifestación en este libro, estás preparada para transformar tu existencia y disfrutar todas las bendiciones que siempre has querido recibir. Esta es una oportunidad espectacular para ti y tienes que meterte de lleno para disfrutar todos esos beneficios gloriosos que te esperan.

Ya has dado el primer paso. ¡Te felicito por tomar la iniciativa y terminar de leer este libro! Fue una idea fantástica, y tienes tantas cosas para anhelar ahora que ya has leído estas páginas. Estaré aquí a tu lado en todo lo que hagas; te daré mis consejos y apoyaré al cien por ciento tus emprendimientos. Es un momento de gran emoción que se devela frente a ti y estoy segura de que ya tienes una enorme sonrisa en tu cara.

Recuerda amarte a ti misma y confía en que puedes lograr todo lo que te propongas, en tanto te alinees con la energía del universo. Ajusta la frecuencia que emites para atraer las mismas cosas que quieres y dejar todos esos pensamientos y personas tóxicas fuera de tu alcance. Ellos no tienen lugar en tu realidad; lo único que hacen es tirarte abajo y desviarte de tu camino. Eso no es lo que necesitas; no tienes tiempo para postergar tus manifestaciones.

De hoy en adelante, te sugiero que te tomes un poco de tiempo para asimilar toda esta información. Después de eso, diagrama tu estrategia. Planifica tus próximos pasos para mantenerte organizada en tu rutina de manifestación. Haz uso de las meditaciones que he compartido contigo y experimenta con diferentes técnicas. Esta es la mejor forma de ver lo que mejor funciona para ti. Cualquiera sea lo que hagas, ten siempre en mente que el cielo es el límite. El universo siempre está escuchando; por lo tanto, tienes que conectarte con el mundo y dejar que la abundancia desborde tu presencia.

Te doy la bienvenida al magnífico mundo de la Ley de la Atracción. Estoy convencida de que ya estás muy emocionada, esperando con ansias lo que está por suceder. Créeme, la realidad solo te hará más feliz. Recibe bendiciones, mantente positiva ¡y disfruta la vida!

REFERENCIAS

Anthony, K. (2017, December). *EFT Tapping*. Healthline; Healthline Media. https://www.healthline.com/health/eft-tapping

Cartwright, M. (2018, May 16). *Yin and Yang*. Ancient History Encyclopedia; Ancient History Encyclopedia. https://www.ancient.eu/Yin_and_Yang/

congerdesign. (2018). Heart Red Rope. In *Pixabay*. https://pixabay.com/photos/heart-red-rope-loyalty-love-3085515/

Deepak Chopra. (1994). *The seven spiritual laws of success: a practical guide to the fulfillment of your dreams*. Amber-Allen Pub.

Dieter44. (2018). Gem Citrine Stone Jewel Crystal. In *Pixabay*. https://pixabay.com/photos/gem-citrine-stone-jewel-crystal-3569938/

Emma Claire Donovan. (2019, January 16). *The Benefits of TRE for Stress, Anxiety, and Trauma*. Emma Donovan. https://emmaclairedonovan.com/2019/01/16/the-benefits-of-tre-for-stress-anxiety-and-trauma/

Free-Photos. (2014). Tea Cup Rest Afternoon. In *Pixabay*.

https://pixabay.com/photos/tea-cup-rest-calm-afternoon-381235/

Free_Photos. (2015). Girl Blonde Sitting. In *Pixabay*. https://pixabay.com/photos/girl-blonde-sitting-lakeside-water-984065/

Gollwitzer, P. M., & Sheeran, P. (2006, January 1). *Implementation Intentions and Goal Achievement: A Meta-analysis of Effects and Processes*. ScienceDirect; Academic Press.

Good Interactive. (2014). Woman Person Sunset. In *Pixabay*. https://pixabay.com/photos/woman-person-sunset-dreams-alone-491623/

JacksonDavid. (2020). Woman Inspiration Dance. In *Pixabay*. https://pixabay.com/photos/woman-inspiration-dance-model-4775733/

Jaffe, E. (2011). Mirror Neurons: How We Reflect on Behavior. *APS Observer, 20*(5). https://www.psychologicalscience.org/observer/mirror-neurons-how-we-reflect-on-behavior

Jung, J. Y., Oh, Y. H., Oh, K. S., Suh, D. W., Shin, Y. C., & Kim, H. J. (2007). Positive-Thinking and Life Satisfaction amongst Koreans. *Yonsei Medical Journal, 48*(3), 371. https://doi.org/10.3349/ymj.2007.48.3.371

Justasurferdude. (2017). Rose Flower Wiltered. In *Pixabay*. https://pixabay.com/photos/rose-flower-wilted-floral-plant-2335203/

kalyanayahaluwo. (2020). Meditate Meditation Woman Mountains. In *Pixabay*. https://pixabay.com/photos/meditate-meditation-woman-mountains-5375835/

ktphotography. (2017). Candles Bright Light. In *Pixabay*. https://pixabay.com/photos/candles-bright-light-flame-2550688/

Marlene, C. (2018, July 29). *Ithaka: Journey not Destination*. Cheryl Marlene. https://www.cherylmarlene.com/ithaka-journey-not-destination/

Myriams-Fotos. (2017). Woman Beauty Rock. In *Pixabay*.

https://pixabay.com/photos/woman-beauty-rock-sea-clouds-2724966/

petig. (2020). Sunset Woman Freedom. In *Pixabay*. https://pixabay.com/photos/sunset-woman-freedom-silhouette-5238044/

Pexels. (2016). Meditate Meditation Peaceful. In *Pixabay*. https://pixabay.com/photos/meditate-meditation-peaceful-1851165/

PIRO4D. (2016). Feng Shui Zen Stones. In *Pixabay*. https://pixabay.com/photos/feng-shui-zen-stones-texture-1927590/

Pitkanen, M. (2018, June). *(PDF) The experiments of Masaru Emoto with emotional imprinting of water*. ResearchGate. https://www.researchgate.net/publication/335909571_The_experiments_of_Masaru_Emoto_with_emotional_imprinting_of_water

qimono. (2018). Drop Splash Drip. In *Pixabay*. https://pixabay.com/photos/drop-splash-drip-water-liquid-wet-3698073/

Smith, J. (2018, February 14). *The Emotional Vibration Analysis Frequency Chart*. Blisspot. https://blisspot.com/blogs/5719/654/the-emotional-vibration-analysis-frequency-chart

stokpic. (2015). Woman Working Bed. In *Pixabay*. https://pixabay.com/photos/woman-working-bed-laptop-typing-731894/

Valiphotos. (2015). Road Forest Season. In *Pixabay*. https://pixabay.com/photos/road-forest-season-autumn-fall-1072823/

Wikipedia Contributors. (2019, September 27). *All You Need Is Love*. Wikipedia; Wikimedia Foundation. https://en.wikipedia.org/wiki/All_You_Need_Is_Love

DESPIERTA TU ENERGÍA FEMENINA

FEMENINA

SECRETOS DE ENERGÍA DE LA DIOSA Y CÓMO ACCEDER A TU PODER DIVINO

PREFACIO

Si estás cansada de que no te vean como la diosa que eres, entonces sigue leyendo. ¿Has sido reprimida durante años y quieres dar un paso para conquistar tu poder? ¿Estás cediendo constantemente tu poder a otras personas? ¿Reprimes a menudo partes de ti misma que desearías poder expresar? Quizás te juzgas a ti misma y te sientes avergonzada. El primer elemento que te despojará de tu magia y poder divinos, es ese sentimiento de vergüenza. Tu energía vital ha sido reprimida durante demasiado tiempo. Es hora de decir tu verdad.

No es casualidad que hayas elegido este libro, especialmente antes de tomar la gran decisión de vida que estás pensando en tomar. Es posible que tu magia, tu sabiduría y tu energía vital hayan sido reprimidas y ocultadas al mundo. Como mujeres, todas tenemos naturalmente esta magia dentro de nosotras, somos creadoras del mundo material, somos las creatrixes.

¿Estás preparada para recordar la magia que tienes dentro de ti? ¿Estás preparada para conectar con el amor propio que necesitas para sanarte? Las mujeres no sólo damos a luz a los niños, sino que damos a luz a toda la creación existente. Puede que hayas estado reprimida durante demasiado tiempo.

Sólo tienes que echar un vistazo a la sociedad que te rodea. Hay tantos lugares degradantes para las mujeres, donde se les hace sentir como si no fueran nada o que su feminidad natural, sensual y sagrada es algo de lo que deben que avergonzarse y utilizar en beneficio de otros. ¿Has sido condicionada por la sociedad a suprimir y avergonzarte de la parte sensual divina de ti misma? Puedes volver a aprovechar esa energía y expresarte como te plazca.

No es casualidad que estés leyendo estas páginas. Tal vez has encarnado en este ser para romper el paradigma de cómo la sociedad ve a las mujeres y las avergüenza. La mayoría de nosotras no nos damos cuenta de la magia y el poder que tenemos dentro de nuestras almas. Todas somos diosas y nuestros cuerpos son nuestros templos sagrados. Tal vez estés cansada de los patrones de ser un felpudo y de no avanzar en tu camino hacia tu auténtica personalidad. Puede que hayas olvidado tu poder y seas un recipiente de lo divino.

Estamos marcando el comienzo de un nuevo mundo juntas. Al derribarnos unas a otras, separarnos, juzgarnos y competir entre nosotras, estamos reprimiendo la llegada de una nueva era dorada. Volvamos al ciclo divino femenino de la creación. Debemos ser respetadas como mujeres y debemos reclamar ese poder. Cuando reclamas tu poder, dejas de cedérselo a otras personas. La sociedad nos ha engañado para que renunciemos a nuestro poder y no nos sintamos tan poderosas como deberíamos. Somos como el arcoíris, somos el puente entre la materia y el mundo espiritual. Vuelve a aprovechar esa magia. Reclama tu poder.

Esto es sólo una pequeña parte de lo que descubrirás en este libro:

- Cómo sustituir o equilibrar los rasgos masculinos con los femeninos
- Secretos para el despertar de la energía femenina que serán de interés tanto para las mujeres más jóvenes como para las mujeres maduras
- Grandes consejos y ejercicios, un ritual matutino planificado para seguir y los secretos más increíbles para liberarte de los traumas que cambiarán tu vida y que puedes empezar a aplicar para deshacerte de lo que ya no te sirve, hoy mismo.

Este libro está diseñado para empoderarte incluso si nunca has leído un libro espiritual antes, o si has fracasado una y otra vez en despertar tu energía divina femenina en el pasado. Esto se debe a que hay espacio para que todas nos elevemos. Debemos seguir el camino simple y directo hacia nuestro despertar. No hay competencia entre nosotras, todas somos una.

Así que si quieres reclamar tu poder, para sanar el mundo y las heridas que nos ha causado vivir en una sociedad predominantemente masculina durante tanto tiempo, sigue leyendo. Este es un libro para todas las mujeres, sin importar tu edad, tu etapa de la vida o tu situación. Ya sea que estés buscando alguna manera de encontrar la paz y el equilibrio dentro de ti misma o que quieras entrar en tu poder de diosa. Es el momento de acceder a nuevas profundidades de amor propio, aceptación, fuerza interior, claridad, y dar un paso hacia una relación contigo misma más completa y empoderada.

INTRODUCCIÓN

¡Bienvenidas a mi libro, queridas lectoras femeninas! Me alegra mucho verte aterrizar aquí, ya que esto significa que tu instinto y tu poder interior te han hecho cuestionar todo en la vida. Es posible que hayas experimentado varias señales del despertar de tu energía divina femenina, por lo que estás intentando rellenar los vacíos y averiguar qué es lo que te espera. Hay muchas otras mujeres como tú, que intentan averiguar qué hacer con ese impulso constante de descubrir más sobre su pasado, así como sobre su presente y su futuro. Al participar en este despertar, te conectas con el universo y encuentras tu lugar en el mundo. Así, con el tiempo, dejas de preguntarte por tu propósito en la vida y dejas de cuestionar tu poder.

¿Has despertado tu energía divina femenina implementándola en tu vida? ¿O te has sentido alguna vez sin poder y sin voz, en busca de algo que apoye tus reivindicaciones y te cubra las espaldas? ¿Por qué necesitas depender de otros, cuando puedes reclamar lo que es tuyo y recibir todo lo que te han quitado? La energía divina femenina es lo que impulsa a las mujeres a la grandeza. Fluye desde el interior, se expande y libera su singularidad en el mundo y el universo. Sin ella, te sientes como si estuvieras hibernando. Nadie quiere quedarse así para siempre, sin poder moverse y actuar, reclamando lo que ha perdido.

Según mi percepción, de hecho, no estás viviendo tu vida al máximo, a menos que ya te estés sanando. Esta energía femenina que fluye desde tu interior puede ayudarte a sanar las heridas y hacerte renacer. Si te preguntas cómo elevar tu vida, cómo descubrir realmente de qué estás hecha y reclamar lo que ha sido tuyo todo el tiempo, entonces este despertar de tu diosa interior es la mejor manera de hacerlo. Hasta ahora, te has estado perdiendo por no actuar según tu intuición. De este proceso de despertar se derivan numerosos beneficios que te permitirán abrirte al universo y percibir plenamente el sentido del mundo. Como mujer, eres una sanadora. Por lo tanto, tienes que dar un paso adelante y aceptar el propósito con el que has sido bendecida.

Es cierto que has estado reprimida durante años y años. Como mujer, has sufrido la injusticia y has sido despojada de tu naturaleza extraordinaria. Todos estos elementos que te han hecho ser exactamente quién eres, han sido suprimidos y los has escondido en lo más profundo de tu ser. Sin embargo, ha llegado el momento de abrir los ojos y darte cuenta de que tu identidad debe ser apreciada, en lugar de perseguida. El patriarcado no podía estar más equivocado. Las mujeres somos sagradas, y es así como debemos ser tratarlas.

Sorprendentes Beneficios Por Delante

Los beneficios de aprovechar la Energía de la Diosa son literalmente infinitos, así que te recomiendo que sigas leyendo este libro. Descubrirás muchas cosas sobre quién eres, qué debes hacer en la vida, cómo afrontar los retos y cómo mejorar tus relaciones con los demás y contigo misma. Te ayudará a entender la terminología básica, al tiempo que te ayudará a profundizar en tu alma para encontrar las respuestas que has estado buscando. Este libro te va a mostrar cómo desencadenar estos cambios en tu vida, desde el punto de vista de una mujer que necesita comprender el universo. Por supuesto, ¡debes seguir leyendo para descubrir los secretos que contiene!

Si has experimentado la vergüenza y el miedo, necesitas despertar tu energía femenina. Asumiendo que has desperdiciado incontables años tratando de averiguar más sobre tu propósito en la vida, verás la luz al final del camino. Acabarás encontrando tu lugar en el mundo, algo que te ofrecerá un cierre y encenderá maravillosas emociones en lo más profundo de tu alma. Si te has sentido insegura, insignificante o insuficiente para complacer a los demás y estar a su lado, este libro te mostrará la verdad. Tú eres un ser divino. Todos los demás deberían estar orgullosos y sentirse privilegiados sólo por estar cerca de ti.

Descubre qué significa este poder para ti, cómo afectará a tu vida y te llevará al nivel más alto de conciencia. Descubre las señales y comprende el significado de ser una Semilla Estelar, un alma sabia con miles de vidas e innumerables encarnaciones con el único propósito de ayudar y apoyar a los demás. Estas entidades son tan poderosas y sabias, y al mismo tiempo, tan felizmente ignorantes y llenas de esperanzas y sueños. Descubre cómo puedes llegar a otros individuos con ideas afines, posiblemente acercándote a tu familia del alma.

Al mismo tiempo, en este libro aprenderás a no desperdiciar tu energía femenina. ¿Por qué lo haces? ¿Cómo puedes dejar de hacerlo? Lee los consejos y las experiencias que proceden directamente del corazón, para que sepas lo que debes evitar. Tu energía es divina y exquisita, por lo que no debes desperdiciarla sin propósito. No debes desperdiciarla con aquellos que no la aprecian, sintiéndote agotada y poco apreciada. En cambio, aprenderás a preservar y proteger tu energía. Al fin y al cabo, se trata de tu propia esencia.

Llegar a un acuerdo con tu conciencia sexual es definitivamente uno de los beneficios más maravillosos que obtendrás al leer este libro. ¿Te sientes decepcionada por tu vida sexual? ¿Simplemente ignoras tus deseos, hundiéndote en un autodesprecio que te impide soltarte de verdad y entregarte al placer? Descubrirás por qué es imperativo que dejes de reprimirte. Está en tus manos recuperar el control de tu cuerpo y utilizarlo como un instrumento para sentir el placer más absoluto. Sin tabúes, sin segundas intenciones, sin dudas sobre ti misma. Entonces, soltar el trauma es realmente útil y puede ofrecerte un cierre. A pesar de lo ocurrido durante la infancia, no puedes ahogarte en los mismos pensamientos negativos para siempre. Por el contrario, debes tomar las riendas y hacer lo que es mejor para ti a largo plazo. Debes enfrentarte a tus miedos, que es exactamente lo que te voy a mostrar en este libro.

Las meditaciones son realmente sorprendentes, versátiles

y motivadoras. ¿No sabes cómo practicarlas? No debes preocuparte, ya que he creado algunas meditaciones geniales para cubrir tus necesidades. No dudes en probarlas y ver por ti misma que funcionan a las mil maravillas, ¡estoy segura de que lo harán! Y por último, después de haber comprendido de qué se trata la energía femenina y cómo puedes encenderla, tendrás la oportunidad de atraer todo lo que has estado anhelando en la vida. ¿Qué te parece?

Descubriendo Mi Propia Energía Divina Femenina

No nací sabiendo de mi energía divina femenina, aunque mi don siempre me ha llevado a plantearme si hay algo más de lo que se ve a simple vista en mi vida. De hecho, he estado rechazando mi energía femenina, si miro hacia atrás y veo cómo he vivido mi vida. Mi carrera era tan exigente y estresante que me hizo construir una coraza masculina para protegerme de la sociedad patriarcal que dominaba mi vida profesional. Debido a mi competitividad, me centré en manifestar principalmente rasgos masculinos, para llegar a ser igual a los hombres. Esto es más o menos lo que la mayoría de las mujeres modernas persiguen, ¿no es así?

Permítanme contarles un poco sobre mí y mi viaje. En mi

vida, he sido bendecida con una pareja cariñosa y amigos maravillosos, así como con una hermosa casa y un estilo de vida vibrante. Siempre me he sentido afortunada, además de apreciar mi capacidad para superar las dificultades y los exigentes retos del trabajo. Al fin y al cabo, siempre cumplía y eso era algo que me llenaba de orgullo y satisfacción.

Sin embargo, a medida que pasaba el tiempo y evolucionaba, me resultaba cada vez más difícil detenerme y apreciar el momento. A menudo me quedaba con ganas de más, siempre en busca de nuevas emociones. De repente, lo que me había hecho avanzar hasta entonces no era suficiente.

Aunque me presentaba como fuerte y poderosa, esto no era lo que realmente creía de mí misma. Al contrario, dudaba de casi todo lo que hacía, de cada decisión que tomaba. La confianza en mí misma había desaparecido, debilitada por la preocupación de que los demás me encontraran en falta y me ridiculizaran. La sola idea de que me superaran en la oficina me llenaba de terror. Así que traté de averiguar qué estaba mal. Intenté analizar las emociones que surgían de la nada, echando a perder todos los duros esfuerzos que había hecho para llegar a la cima... o eso creía yo. Pronto, lo creas o no, me topé con la magia de mi energía divina femenina y ésta ha afectado a mi propia vida en más sentidos de los que podría describir.

Tuve algunos avances, ya que los recuerdos del pasado aparecieron delante de mis propios ojos, dejándome asombrada. Aunque al principio opté por la negación como mecanismo de defensa, finalmente fui más consciente de lo que estaba ocurriendo. Sentí que mi diosa interior me llamaba. Al cerrar los ojos, viajaba a lugares místicos lejanos y fuera de nuestra dimensión. Escuchaba mi cuerpo y mi energía divina femenina, mientras evolucionaba hacia la criatura sagrada que soy. Todos mis miedos y dudas se desvanecieron en el aire. Fue muy difícil para mí hacerlo, pero llegué a aceptar todas las fachadas de mi viaje. Mi viaje me ha traído hasta aquí, tratando de transmitirte mis conocimientos y mi sabiduría ganados con esfuerzo.

Debes saber que realmente aprecio que hayas elegido leer lo que tengo para decir. Toda esta información que he reunido aquí es el resultado de mi anhelo de explorar mi ser interior y alcanzar mi más alto nivel de conciencia. Espero que encuentres tu propósito, como yo he encontrado el mío. Y realmente espero que nos encontremos de nuevo, después de que te hayas abierto a esta nueva experiencia trascendental que va a cambiar tu mentalidad de una vez por todas. ¡Feliz lectura y que la disfruten todas!

EL PODER DIVINO OCULTO
DENTRO DE TI

No es culpa tuya que hayas olvidado cómo es la comunicación con tu divinidad femenina. Tu diosa interior no es accesible por una razón. Vivir en una sociedad predominantemente masculina durante tanto tiempo ha provocado heridas patriarcales y ha tapado el poder divino femenino que tenemos dentro de cada una de nosotras. Nuestra sociedad nos ha condicionado negativamente a creer que la sensualidad femenina, el ser natural, la sexualidad y la expresión de una misma es algo que debe ser despreciado o vergonzoso, cuando en realidad, somos diosas y DEBEMOS expresarnos como nos plazca. No existe lo correcto o lo incorrecto, no existe la restricción y la vergüenza, la vacilación y la duda, en tu vida. Eres una mujer y tienes el poder de gobernar el mundo.

La sociedad nos ha engañado para que cedamos nuestro poder y no nos sintamos tan poderosas como deberíamos. Las mujeres estamos destinadas a gobernar el mundo, a través del amor y la compasión. Hay elementos extraordinarios en la energía femenina que hacen que las mujeres seamos líderes excepcionales, así como influyentes y mentoras. Una mujer puede inspirar e influir en los demás, guiarlos a través de las situaciones más desafiantes y proporcionarles cuidado, alimento y amor incondicional. Estos componentes son únicos, ideales para cualquier sociedad. Sin embargo, las cosas han cambiado drásticamente a lo largo de los años y en la actualidad las mujeres han sido despojadas de su propio poder y singularidad.

Para sobrevivir, las mujeres se han visto obligadas a despojarse de su propia piel y a transformarse en algo que no refleja lo que realmente son. ¿Te imaginas lo que sentiría un pavo real si le cortan la cola? Esto iría en contra de su naturaleza, por lo que lo más probable es que el pavo real permaneciera en estado de shock durante mucho tiempo, incapaz de procesar lo que se le ha hecho. Es similar a lo que le ocurre a una mujer, una vez que se le priva de sus rasgos distintivos. Ni siquiera se reconoce a sí misma, ya que ha asociado su propia existencia a algunas de esas características. Aun así, a lo largo de los años, las mujeres han sobrevivido y han conseguido cambiar su punto de vista. Han creado las bases para revelar su poder interior al mundo. Y esto no siempre ha sido fácil de lograr.

Las mujeres han aprendido por las malas que ser femenina no es algo que se deba tomar a la ligera. Estos componentes han sido combatidos durante mucho tiempo, principalmente por los hombres que se sentían amenazados por el poder abrumador de las mujeres. Como consecuencia de su propia falta de confianza, los hombres decidieron oponerse al dominio del género femenino. Las mujeres serían perseguidas y castigadas por su propia existencia. Era todo un caos, y las repercusiones han sido increíbles. Todavía parece una caza de brujas, la lucha constante contra aquellas mujeres que tienen una visión sólida y ambiciosa en su vida. Aunque vivimos en una sociedad moderna y la mayoría de los estereotipos se han desvanecido en el aire, aún existen algunas cosas que se resisten más al cambio. Sin embargo, esto no significa que debamos renunciar a intentarlo.

Es esencial reclamar tu poder para sanar el mundo y las heridas patriarcales que nos han causado por vivir en una sociedad predominantemente masculina durante tanto tiempo. Esto no va a ser fácil. Requerirá de tiempo, trabajo duro y paciencia. Pero es inevitable. Se restablecerá la justicia y se nos devolverán los derechos de los que hemos sido privadas las mujeres en todo el mundo. Mereces sentirte poderosa y liberar ese poder sin ninguna duda. Es algo mágico, así que tienes derecho a vivir esa experiencia trascendental, que cambiará tu vida para siempre.

La magia de la feminidad

Cuando pensamos en la masculinidad, siempre nos centramos en el objetivo final. De este modo, podemos medir los resultados y evaluar el comportamiento masculino. Sin embargo, con la feminidad las cosas son muy diferentes. El comportamiento femenino se concentra principalmente en la experiencia. Es mucho más sensible y aborda el tema desde la perspectiva de la compasión, la creatividad y todos esos fabulosos conceptos. Sin embargo, a diferencia de la masculinidad, no se puede medir. Entonces, ¿cómo se puede valorar la feminidad si no se pueden cuantificar sus resultados?

Durante años y años, la feminidad ha sido degradada y menospreciada, como si fuera inferior a la masculinidad. La mayoría de las mujeres se han visto obligadas a dejar de lado sus rasgos femeninos para ser más competitivas en el mundo y buscar lo que les corresponde. "Este es un mundo de hombres", ¿verdad? En lugar de bajar la guardia y permitir que nuestros sentimientos tomen el control, las mujeres nos hemos sentido reprimidas durante demasiado tiempo. Se nos ha juzgado como indignas por lo que hemos estado haciendo, en lugar de lo que se suponía que debíamos ser. Se trata de una pendiente resbaladiza que introduce la profecía autocumplida en su composición. Según ese fenómeno socio psicológico, un individuo es propenso a predecir ciertos patrones de comportamiento y luego se apega a ellos, en una forma de validar sus creencias (Colaboradores de Wikipedia, 2019).

Pero, ¿por qué alguien rechazaría su lado femenino? Forma parte de su equilibrio interior, al igual que se representa en el símbolo del Yin y el Yang (Peterson, 2020). Aunque los diferentes rasgos puedan parecer totalmente opuestos, en realidad son interdependientes y se complementan. Este es el concepto de dualismo, con un flujo perpetuo que equilibra cada entidad. Una mujer debe abrazar la masculinidad para perseguir uno de sus objetivos. Pero, al mismo tiempo, debe celebrar su feminidad. Esto es lo que le permite disfrutar de las cosas y las experiencias, incluso sin ninguna ganancia aparente.

Una idea errónea muy extendida sobre la feminidad es que se asocia directamente con el género. Esto no podría estar más lejos de la realidad. Como ya se ha dicho, en cada uno de nosotros hay componentes femeninos y masculinos. Sin embargo, en una sociedad patriarcal, los componentes femeninos han sido disminuidos. Su valor se ha reducido. En su lugar, los rasgos masculinos son los más importantes. Cuando un hombre se centra en su lado femenino, todo el mundo lo malinterpreta. No hay lugar para los rasgos femeninos, que se consideran debilidades. Así que este concepto erróneo ha llevado a las mujeres a una lucha constante por imitar a los hombres y ocultar su propio poder.

Sin embargo, el poder femenino es irreversible. Es interminable y abarca todo el universo. Lo femenino es curativo, nutritivo, protector, creador y sustentador, utiliza la empatía y el afecto. Son elementos que deberían celebrarse, en lugar de ser perseguidos y criticados duramente. A lo largo de los siglos, las mujeres han contribuido a mejorar el mundo tal y como lo conocemos, independientemente de que nuestra sociedad haya reconocido o no su contribución. Un ejemplo distintivo de la distorsión de la realidad y la falta de aprecio cuando se trata de la contribución femenina, es el caso de María Magdalena.

El Ejemplo de María Magdalena

¿Estás segura de que conoces la verdadera historia de María Magdalena? ¿O tal vez te han engañado haciéndote creer que era una prostituta, carente de moral y propósito en la vida? La verdad es que María Magdalena fue entrenada bajo las alas de Isis. Luego jugó un papel importante en la vida de Jesús, enseñándole sobre la alquimia sexual y permitiéndole superar los límites del mundo físico. No es de extrañar que ella, de entre todas las personas, esté presente en su resurrección. Ella da testimonio de que Jesús resucitó de entre los muertos para reunirse con su Santo Padre en el cielo, y contribuye en gran medida a la fundación del cristianismo.

Sin embargo, la Iglesia no fue muy amable con María

Magdalena. De hecho, la mayoría de la gente la asociaba con una zorra, una mujer sin valor. Era una pecadora, según los libros. Jesús la perdonó y le mostró el camino virtuoso de la vida. Pero, ¿es esto realmente lo que ocurrió? Desde nuestro punto de vista, no es así. María era una mujer poderosa, que no pertenecía a nadie y que trazaba su propio camino. Por eso, a diferencia de la mayoría de las mujeres de su época, no verás la "...de X" tras su nombre. Normalmente, la X era el nombre masculino, que revelaba a quién pertenecía la mujer en aquella época. Las mujeres eran propiedad de los hombres, lo que impregnaba todos los aspectos de su vida, incluidos sus nombres. En María Magdalena se encuentra su origen (siendo de la famosa ciudad pesquera de Magdala). Viajó con Jesús y ayudó a difundir su palabra. ¿Suena esto como una mujer sin valor?

Puede que la Iglesia haya cambiado los hechos para suprimir a las mujeres de la historia, tachando a María de ramera. Sin embargo, era una sacerdotisa sagrada con gran poder e influencia. María era independiente y guiaba a Jesús, apoyándolo y nutriéndolo. No cabe duda de que Jesús la tenía en gran estima, pues de lo contrario no estaría incluida en su círculo íntimo. Incluso en los momentos difíciles de dolor y sufrimiento, Jesús la eligió para permanecer al lado de su madre. Esto demuestra hasta qué punto confiaba en María y tenía fe en ella. Esta teoría está en consonancia con la novela de Dan Brown El Código Da Vinci (Netage, s.f.). En este caso, María fue representada como la esposa de Jesucristo.

Más allá del mito y de las creencias religiosas, es seguro asumir que María era considerada peligrosa para una sociedad patriarcal. Era fuerte y no dudaba en proyectar su poder. De hecho, ocupó una posición especial en la vida de una personalidad destacada: Jesús. A diferencia de la mayoría de las mujeres de su tiempo, no comprometió sus creencias. Por el contrario, adoptó una posición y fue juzgada. Quizá las acusaciones de que era una mujer sin honor reflejen el profundo afán de los hombres por desacreditarla. De lo contrario, una mujer los sustituiría y esto era algo que no podían soportar.

Es una pena que María Magdalena no haya recibido su justa cuota de reconocimiento universal. Más gente debería saber lo que realmente ocurrió. Más gente debería estar agradecida a María Magdalena, ya que abrió el camino para que otras mujeres se levantaran y reclamaran sus derechos. Por el contrario, su presencia sigue siendo ambigua a lo largo de los años. Es muy difícil para una sociedad patriarcal admitir que una mujer haya sido superior a ellos. Sin embargo, en la filosofía de Jesús, las mujeres siempre han sido apreciadas y su valor nunca ha sido cuestionado.

2

RECURRE A TU ENERGÍA DIVINA PARA SANAR TU VERGÜENZA

Comprendo perfectamente por qué eliges frenar tu expresión personal porque yo he pasado por eso. De hecho, he sido avergonzada en el pasado por mi sexualidad y por ser quien soy. Mi confianza en mí misma no surgió de la noche a la mañana. Es un trabajo en curso, con sus altibajos, como en todo viaje. Creer en mí misma y celebrar mi individualidad ha sido mi objetivo final, que finalmente he alcanzado al despertar mi energía divina. Sólo al darme cuenta de que soy única, asombrosa y sagrada, tuve la oportunidad de superar mis miedos y liberarme de los prejuicios y temores.

Cuando era adolescente, experimenté la vergüenza corporal. Estaba bastante desarrollada para mi edad, lo que significaba que mi cuerpo era muy diferente al de otras chicas. La adolescencia puede ser realmente cruel para las chicas, porque ves que se producen todos estos cambios radicales y no puedes hacer nada para detenerlos. Estás en una montaña rusa de emociones, mientras que al mismo tiempo, tu cuerpo está cambiando rápidamente. Esto puede ser realmente decepcionante, porque te impide encajar y mostrar al resto del mundo que eres como ellos. Necesitas pertenecer, pero mi cuerpo hacía difícil que eso sucediera.

Obviamente, no había nada que pudiera hacer con los cambios que se producían en mi cuerpo, aparte de llevar ropa holgada y sentirme fatal. En lugar de encontrar apoyo entre mis compañeros, descubrí que la mayoría de ellos se burlaban de mí y me avergonzaban por mi cuerpo. Curiosamente, muchos de ellos eran mujeres. En lugar de apoyarme y aceptarme por lo que era, me criticaban sin motivo y me dejaban de lado. Como resultado, finalmente empecé a llevar ropa provocativa que ya no ocultaba mi cuerpo. Al contrario, elegía conjuntos que resaltaban mis curvas y revelaban que era sexy y toda una mujer. A diferencia de lo que creía, esto no tuvo los efectos que yo esperaba. Hizo que mis compañeros de clase me golpearan aún más, que me avergonzaran por querer expresarme y por mi sexualidad. Fue una situación muy difícil para mí durante todo el instituto.

Pasé años intentando aceptar mi cuerpo y mi propia sensualidad, hasta que finalmente me di cuenta de la verdad. Nadie debería ser juzgado o despreciado por lo que lleva puesto, por su aspecto físico o por su comportamiento. Tanto mi comportamiento anterior como el último, derivaban de mi inseguridad y mi afán por formar parte de un grupo. Era inocente y hacía lo que podía, intentando descubrir lo que realmente quería en la vida. Ser adolescente conlleva un gran bagaje y ser avergonzada, sólo empeoró las cosas. Me alejó de mi objetivo de intentar comprender quién soy. Pero estaba en mi derecho de actuar como quería, fuera como fuera. Es mi cuerpo, así que debo llevar la ropa que me haga sentir feliz y cómoda. No importa si mis pechos son grandes o pequeños, si estoy gorda o delgada, si mi piel es perfecta o no. Sentirme avergonzada me pasó factura, convirtiéndome en una introvertida y creándome traumas que desde entonces intento sanar. Todo eso por culpa de la vergüenza.

La vergüenza surge al compararte con tus estándares y sentir que no encajas. Pero, ¿de dónde vienen estos estándares? Es la sociedad la que dicta lo que debemos hacer, cómo debemos comportarnos, lo que debemos evitar a toda costa. Según la sociedad, algunos patrones de comportamiento son aceptables, mientras que otros deben ser criticados. Para no sentirnos aislados y dejados atrás, tendemos a cumplir plenamente estas directivas. No importa si nos gustaría expresarnos de forma diferente, acabamos siendo exactamente iguales a los demás. Lo hacemos para evitar la vergüenza y el aislamiento social. Y estas normas son tanto conscientes como subconscientes, siendo el subconsciente aún más difícil de tratar. ¿Cómo se puede abordar un problema cuando ni siquiera se sabe que existe?

Superar la vergüenza es una de las mejores experiencias de la vida. Sientes que te quitas un gran peso de encima. Por desgracia, se necesita mucho tiempo para superar la vergüenza y descubrir cómo volver a sentirse feliz. No te mereces esa carga. No mereces sentirte menos persona, sólo porque eres diferente. Cada persona es única y tu energía divina está aquí para recordártelo. En lugar de sentirte inferior a los demás, deberías celebrar tu diferencia. Esto refleja lo maravillosa que eres, lo única y sorprendente. Para ello, debes ponerte en contacto con tu energía femenina.

¿Qué Es La Energía Femenina Y Cómo Activarla?

Muchas personas asocian la energía femenina con el género. Sin embargo, esto está muy lejos de la realidad. De hecho, cada individuo necesita el equilibrio perfecto entre los rasgos masculinos y femeninos. Cuando hablamos de la energía masculina, nos referimos a la lógica y a la consecución de objetivos. Es más utilitaria, lo cual es estupendo. Por otro lado, nos referimos a la energía femenina como la energía que crea vida. Se centra en la belleza, sin estar necesariamente asociada a la practicidad. Tanto la energía masculina como la femenina deben estar en equilibrio, ofreciendo al individuo una personalidad completa que apreciar.

Algunas de las características fundamentales de la energía femenina son la perspicacia, la intuición, el perdón, la apertura, la armonía, la sensualidad y la creatividad. Sientes la necesidad de entregarte al puro disfrute cuando haces cosas en la vida, en lugar de evaluarlas en función de lo beneficiosas que puedan ser para ti. Pensemos en ello de esta manera. Cuando te preparas una taza de café por la mañana, ¿por qué lo haces? Si es porque quieres despertarte y sabes que tu cerebro se estimulará con los aromas del café que se está preparando y su sabor característico, entonces has activado tu energía masculina. Por el contrario, si preparas el café porque disfrutas tomándolo, entonces estás impulsando tu energía femenina. Sabes que algo despierta la alegría en tu vida y te entregas a ello, profundizando en la belleza de la más mínima acción.

La energía femenina consiste en conectar con la naturaleza. Estamos en absoluta alineación con el universo, así que tenemos que escuchar y conectar realmente con la naturaleza, en lugar de ir en contra de ella. Las mujeres somos sanadoras y encarnamos la divinidad. La energía femenina es nutritiva y protectora, tiene el potencial infinito para lograr todo lo que nos proponemos. Ese tipo de energía se mueve por la vida fluyendo sin esfuerzo, como la vida fluye por nuestro cuerpo. Es esa preciosa armonía que todos buscamos en la vida. La sientes dentro de ti, expandiéndose y liberando su poder en el mundo.

No es fácil activar la energía femenina, aunque hayas comprendido plenamente su magnitud. La verdad es que en una sociedad patriarcal, esta misma energía ha sido apartada durante miles de años. Hemos suprimido las características femeninas, en favor de las masculinas que nos hacen parecer más fuertes e invencibles. Para despertar la energía femenina, debes equilibrarte y aceptar tu ritmo interior. Necesitas de tu vibración interior, del movimiento especial que parte de tu interior. Una forma excelente de conseguirlo es tocando el tambor. No importa qué tipo de tambor utilices. Simplemente encuentra uno que vibre y te ofrezca la oportunidad de golpearlo y producir el ritmo que te despertará.

Lo que tienes que hacer es conectar el ritmo que produces con los latidos de tu corazón. Sólo tienes que hacer "boom", "boom", "boom" mientras respiras y tomas conciencia de tu propia vibración especial, lo que te dará la oportunidad de activar tu energía femenina. La sentirás fluyendo por tus venas, rodeándote de forma cálida y suave. También puedes utilizar meditaciones de activación, como el tambor Shamana. Pero hagas lo que hagas, asegúrate de permanecer relajada y de concentrarte en tu respiración. Esta es una de las cosas básicas que debes hacer para alinear tu cuerpo y tu alma con el mundo. Siente tu respiración, contrólala, siéntete relajada y escucha tu ritmo interior.

Crea una atmósfera inspiradora y tranquilizadora. Activar tu energía femenina requiere de tiempo y esfuerzo. Necesitas sentirte cómoda con tu entorno, para favorecer que se produzca ese cambio. Apaga las luces, porque la oscuridad es capaz de despertar la energía al eliminar las distracciones. Las luces artificiales pueden mantenerte distanciada, por lo que debes acercarte a la naturaleza manteniendo todas las luces apagadas. Si estás en casa, puedes energizar tu cuerpo caminando de un lado a otro. Esto creará las vibraciones que necesitas. Puedes encender una vela para añadir algo de misticismo al aire, inspirarte con las fragancias relajantes e impulsar la expansión de tu energía interior. Para adquirir armonía, prueba bailar y tocar el tambor. Esto te permitirá sentir el ritmo, sentir la vibración que brota de tu interior. Escucha ese ritmo y déjate llevar por la corriente. Ahora has conectado con tu energía femenina, activándola para que te muestre el camino. Obviamente, el ambiente idílico en la oscuridad no estaría completo sin tu conexión externa con la luna. Sal y mira las estrellas y la luna, respirando el aire fresco y disfrutando de la calma absoluta que te rodea. Por último, haz algunos estiramientos para tonificar tus músculos y flexibilizar tu cuerpo. Este es tu recipiente para activar la energía femenina y manifestarla, así que prepara ese recipiente adecuadamente.

Ejercicios Para Aumentar La Autoestima

Puedes aprovechar tu energía divina femenina para sanar esta vergüenza. Restablece tu autoestima y tu confianza perdida de una manera cariñosa y enriquecedora. Tu mayor vergüenza y tus traumas más profundos pueden ser en realidad una bendición disfrazada, ya que estos elementos dolorosos pueden desencadenar tu despertar. El sufrimiento y la oscuridad traen aparejado un avance.

Se necesita tiempo para transformar tus creencias y empezar a florecer desde dentro. El cambio no puede producirse de la noche a la mañana. Es cierto que hemos crecido con nuestras propias inseguridades. Y tenemos un montón de ellas. Hemos sido programadas para intentar encajar, en lugar de destacar. Por eso tendemos a dudar de nosotras mismas y a dudar de nuestro valor. En nuestro intento de disfrutar del despertar de la energía femenina, tenemos que invertir la situación. A continuación, voy a mostrarte algunas herramientas que te ayudarán a revelar tu singularidad. Si las añades a tu rutina diaria como parte de tu ritual matutino, notarás una gran diferencia con el tiempo.

En primer lugar, deberías añadir afirmaciones todos los días como parte de tu entrenamiento para despertar tu poder interior. Las afirmaciones son frases que utilizamos para entrenar a nuestra mente a cambiar nuestro punto de vista.

Así que si has estado acostumbrada a despreciarte, esto tiene que cambiar. Es hora de verte como realmente eres. Es importante que entiendas que debes ser apreciada y valorada. Antes de avanzar en la exploración de tu interior, tienes que reconocer varias cosas. Tienes permitido fracasar. Este es uno de los reconocimientos básicos en la vida. El fracaso forma parte de la vida y la maduración. Todas las personas importantes han fracasado en el pasado, antes de obtener reconocimiento y dejar su huella en el mundo.

Entonces, ni que decir tiene que hay que dejar de buscar la validación. ¿Por qué te importa lo que los demás piensen de ti? Esto sólo hará que anheles más comentarios positivos y dependas de ellos. Por el contrario, debes aprender a ser independiente y poderosa por ti misma. No hay nadie que te apoye en tu vida más que tú misma. Tienes que ser tu mayor fan, así que no necesitas escuchar a nadie más. Si crees que algo es correcto, entonces ve a por ello. Confía en tu instinto, confía en lo que piensas y no en lo que creen los demás.

Los juicios y las críticas no tienen cabida en tu vida. Lo que nos lleva a nuestro siguiente reconocimiento. Aléjate de la gente tóxica. Estas son las personas que siempre te fruncen el ceño y te dejan amargada. Personas que sólo piensan en su beneficio personal y que actúan según sus intereses. Estas personas se complacen en rebajarte, en reducir tu valor y en y hacer que te sientas mal contigo misma. Se alimentan de tu infelicidad, lo cual es algo absolutamente horrible. Pues bien, adivina qué. Estas personas no deben pertenecer a tu vida, así que debes hacer todo lo posible para deshacerte de ellas lo antes posible.

Dicho esto, puedes identificar los problemas que te agobian. Por ejemplo, puede que pienses que eres fea. Puede que creas que no eres lo suficientemente inteligente, lo suficientemente alta, lo suficientemente exitosa. La lista es literalmente interminable. Después de abordar los problemas reales, estás lista para comenzar con las afirmaciones para trabajar en la inversión de tus creencias. Deberás practicar las afirmaciones del "Yo". *Soy bella", *soy exitosa", *soy rica", *soy saludable" y todo lo que necesites decir. Al principio, te sentirás incómoda durante el proceso. Sin embargo, a medida que vayas practicando, verás la diferencia.

Llevar un diario es otra excelente herramienta que puedes utilizar para encender tu energía femenina. Algunas personas creen en la representación visual de las cosas. Si eres una de ellas, la idea de llevar un diario te resultará muy útil. No tienes que estresarte por ello. Piénsalo así. A veces, tenemos tanta información en nuestra mente que es demasiado difícil guardarla toda dentro. Te sientes abrumada por esos datos que no puedes procesar adecuadamente porque te inundan el cerebro. A través del diario, puedes expresar todo lo que quieras por escrito. Esto puede ser bastante catártico. Pones en marcha tu lado creativo y desarrollas tu capacidad de organización. Además, puedes hacer un seguimiento de tus progresos y leer tus pensamientos cuando te apetezca. Abres tu cuerpo y toda la información fluye desde dentro. Un consejo especialmente útil, si no sabes por dónde empezar, es escribir una carta para ti misma.

¿Eres amiga de tu espejo? Si no es así, ¡qué pena! Hay un ejercicio increíble que puedes hacer. Simplemente necesitas un espejo. Aunque puedes usarlo en el baño, es preferible utilizar un espejo de mano, para poder ajustar el ángulo y la proximidad. El problema de nuestra vida es que a menudo dejamos de mirarnos en el espejo. Me refiero a mirarnos de verdad, no sólo a una mirada momentánea. Así que hay que coger el espejo y acercarlo mucho a la cara, casi tocando la punta de la nariz. Entonces, mira fijamente dentro de tus ojos. No hagas nada más

No hagas nada más, sólo mira dentro de tus ojos. No sonrías, no rías, no te distraigas. Puede que te sientas incómoda, lo cual es totalmente comprensible. No estás acostumbrada a ese nivel de intimidad contigo misma. En cuanto te sientas bien con eso, empieza con tus afirmaciones. Verás que esto te sorprenderá. No te desanimes si lloras la primera vez que lo haces. Pronto te acostumbrarás y los resultados serán sorprendentes, ¡como tú!

Por último, tienes que entrenar tu mente para que no te moleste que la vida se interponga en tu camino. Obviamente, esto es algo muy difícil de hacer. Pero debes tener en cuenta un por un momento, ¿por qué deberías entristecerte por el más mínimo contratiempo? ¿Por qué te afectan las opiniones de los demás? Esta es tu vida y debes vivirla exactamente como tú quieres. Así que debes practicar para que no te importe lo que pasa. Haz cosas que te llenen de alegría y satisfacción. Reúnete con personas que te hagan sentir bien contigo misma y te apoyen en todo momento. Aléjate de todo lo que te deprime y te hace mal. Estás en el camino hacia la grandeza, no lo olvides.

3

CÓMO DEJAR DE RENUNCIAR
A TU PODER FEMENINO
DIVINO

Nuestra propia existencia, el mundo entero que nos rodea, está hecho de energía infinita divina. Esta energía es neutra y se contrae para convertirse en materia y crear el mundo material en el que vivimos. Adquiere su forma física y se manifiesta a través de nuestros pensamientos y sentimientos, reflejando nuestra energía masculina y femenina. Tenemos que conservar esa energía, dejar de renunciar a ella, para ser felices y tener éxito en la vida. Sin embargo, no es una tarea fácil. La energía a menudo se aleja y se repele de los cuerpos, seamos o no conscientes de ello.

Cada vez que pensamos en algo que nos deprime, dejamos que nuestro poder divino femenino y nuestra energía se escapen. Tómate un momento para procesar eso. Imagina que sales y te tomas demasiados cócteles, a pesar de que te habías convencido de que limitarías tu consumo de alcohol a un par de copas. Vuelves a casa y empiezas a machacarte. Los pensamientos de inutilidad pasan por tu mente, haciéndote sentir mal contigo misma. Estás decepcionada y sientes que nunca te vas a recuperar de esa emoción negativa. Todo esto te drena la energía. Todo este desprecio hacia ti misma no hace más que mantenerte alejada de tus objetivos.

Lo mismo ocurre con cada uno de los pensamientos que tienes y que te deprimen. Tienes bastantes asuntos con los que estás lidiando, que pueden hacerte sentir mal e incluso llevarte a la depresión. Si estás descontenta con tus finanzas, si te sientes defraudada por tu falta de disciplina a la hora de seguir una nueva dieta y un régimen de ejercicios, si te sientes atraída por los hombres equivocados... todas estas cosas drenan una energía preciosa. Así que tienes que detenerte y encontrar formas de proteger tu energía femenina. Tienes que prepararte para superar esas fugas y retener toda la energía posible.

La ansiedad social se suma a la mezcla. Cuando te sientes incómoda e insegura en la sociedad, gastas demasiada energía. En lugar de sentirte tranquila y segura en lo que haces, gastas tu energía y te agotas pensando en las consecuencias. Analizas demasiado las cosas, mides los pros y los contras, juegas con escenarios dentro de tu cabeza. Esto no te funciona. Así que ha llegado el momento de liberarte de este círculo vicioso, que tiene que ver con la opinión de la sociedad sobre ti y tu propio valor.

Como puedes imaginar, preservar tu energía femenina es esencial para tu bienestar. Si desperdicias esa preciosa energía, es como si estuvieras tirando a la basura tu pasado. Todo el tiempo dedicado a crear esa energía, todos los sacrificios que otras mujeres han hecho y que han sufrido, para que tú pudieras disfrutar de los beneficios de conectar con tu diosa interior, todo eso se habría echado a perder. ¿Estás pensando en negar el núcleo de tu existencia? A menos que estés a punto de dejar de lado tu aspecto femenino en la vida, tienes que hacer todo lo posible para evitarlo. Para mantener tu poder divino, debes tratarlo con respeto y prudencia. No lo gastes en pensamientos, creencias, actos y relaciones que no estén a la altura de tus estándares y necesidades. Si lo haces, tarde o temprano sentirás las consecuencias negativas, ya que la energía corre a través de ti.

LIMPIA TU RECIPIENTE DIVINO Y LIBÉRATE DE LA Energía Negativa

Existen muchos tipos de personas que no te convienen en tu vida. Te chupan y te dejan sin la más mínima energía. Estas son las personas que no quieres tener en tu vida, aunque a primera vista creas que sí. Es importante que utilices tu energía femenina para protegerte de los narcisistas, de las malas parejas, de los vampiros de energía, de los juicios y de las críticas de la sociedad. De este modo, dominarás el arte de preservar tu energía y sentirte exactamente como debes sentirte: increíble. La desintoxicación limpiará tu vida de relaciones insanas.

Para que puedas limpiar tu recipiente divino y liberar toda esa energía negativa que se ha ido acumulando durante tanto tiempo, necesitas seguir algunos pasos fáciles y útiles. En primer lugar, debes admitir que hay demasiadas cosas en tu vida y que estás permitiendo que demasiadas personas te controlen. ¿Te suena familiar? ¿Por qué querrías dejar las decisiones importantes en manos de otros? No hay nadie que sepa mejor que tú lo que necesitas. Asegúrate de identificar a esas personas que han estado chupando el aire de tus pulmones y elimínalas de tu vida.

Establece tus límites para no malgastar tu energía. Estas personas nunca se detendrán. Seguirán exigiéndote como si estuvieras obligado a cumplir. Lo que haces y cómo vives no debe preocuparles. No les corresponde juzgarte ni aconsejarte. Tampoco deben tener el poder de tomar tus decisiones. Tú eres quien tiene el control de tu propia vida. Es hora de subir a ese pedestal y ver el mundo desde un punto de vista privilegiado. Entonces, es igualmente importante ser un poco egoísta y actuar en tu propio interés. El egoísmo no es siempre algo malo. No estoy hablando de perjudicar a los demás. Por supuesto que no. Sin embargo, tienes que ponerte a ti mismo en primer lugar y actuar de acuerdo con tus creencias, tus deseos y tus necesidades. ¿A quién más quieres complacer? Siéntete libre de mimarte, de alimentar y nutrir tu cuerpo y tu alma. La felicidad que obtendrás como resultado de toda esta experiencia no tiene comparación. Además, todo esto te ayudará a mantener tu energía femenina.

Por último, tienes que dejar de sentirte culpable. La culpa se utiliza a menudo para presionarnos a actuar en contra de nuestra voluntad. Por ejemplo, si no quieres salir con un chico, ¿por qué no te enfrentas a él y se lo dices? No hay razón para prolongar lo inevitable. De hecho, estarán mejor el uno sin el otro, ya que no hay química real entre ustedes. Lo mismo ocurre cuando asistes a una fiesta a la que no quieres asistir, comes comida que desprecias, ves una película que no te gusta, y la lista sigue y sigue. No te disculpes por tus decisiones en la vida. Apóyate en ellas y apoya tus decisiones. Cuando te disculpas, estás contrayendo tu energía. La empujas hacia abajo y sientes la presión. No te mereces ese tipo de presión, así que déjala ir.

Cuando piensas en algo durante demasiado tiempo, gastas energía. Por ejemplo, ¿recuerdas cuántas veces anhelaste que llegara el amor? Toda esa energía se contrae, y te sientes tensa y reprimida. Como resultado, repeles lo que estás deseando experimentar, debido a esa contracción de energía. Cada vez que te sientes juzgada o avergonzada por algo que has hecho, actúas de forma opuesta a como querrías actuar. No estás atrayendo las cosas a las que tienes derecho; las estás alejando.

Así que la solución es liberar la contracción, exhalando y alineando tu energía con una energía más elevada. Te conectas con la energía fuente, ya que estás más relajada y liberas la tensión y la energía contraída fluye desde tu interior. Hay un potencial infinito para ti ahí fuera, siempre y cuando dejes de limitarte. Sal de la conciencia que ya no funciona para ti. Desintoxica tu mente y tu cuerpo, dejando ir esa energía reprimida.

Activa A Tu Diosa Interior

Habiendo liberado tu energía negativa, ahora puedes purificar tu aura para hacer espacio al despertar de tu energía femenina. ¿Estás intrigada por encender la energía de la divinidad femenina desde lo más profundo de tu ser? ¿Estás preparada para activar tu diosa interior? Necesitas incorporar esas afirmaciones de energía femenina en tu ritual matutino, para que inviertas tu entrenamiento y permitas que tu mente contemple lo que realmente quieres perseguir en la vida. Hay varias cosas en las que deberías centrarte para estimular tu autoconciencia y potenciar tu energía divina interior.

Eres una diosa y deberías empezar a comportarte como tal. Cree en tu poder y siente todas esas cosas positivas que se derivan de ser una mujer así. ¿Por qué eres feliz siendo mujer? ¿Qué hace que tu corazón lata más rápido? ¿Por qué los demás se desviven por acercarse un poco más a ti? Si crees que no eres digna, tienes que reconsiderarlo. La gente ha llegado a extremos porque quería hacer algo que se sentía motivado a lograr. Muchos han quedado fuera en el frío, en condiciones climáticas realmente malas, arriesgando su vida y absteniéndose de comer y beber por varios días, porque querían llegar a la cima de una montaña. Otros han luchado hasta la muerte por una mujer hermosa, o para defender el honor de su familia. No hay nada que impida a alguien acercarse a ti, aunque para ello tenga que sacrificar algo.

¿Todavía estás indecisa sobre si mereces o no comunicarte con tu diosa interior? Realmente, no deberías tener ninguna duda. Sin embargo, cuando practiques la siguiente afirmación, llegarás a abrir los ojos poco a poco, y verás realmente lo que significa ser tú. Es mucho más que una o dos palabras. Es mucho más que un sentimiento o dos. Eres un reflejo del universo entero, viviendo en perfecta armonía. Has venido a la tierra para ayudar a la humanidad y hacer del mundo un lugar mejor de muchas maneras. Todo lo que haces ha sido bendecido. Por lo tanto, no tienes que justificar tus acciones ni pedir permiso a nadie.

En primer lugar, debes recordar tus mejores cualidades.

"Soy amorosa", "Soy autosuficiente", "Soy una persona bondadosa", "Soy amable" y "Soy adorable" pueden servir de introducción. También pueden ser útiles "emano amor y compasión", "mi energía espiritual es alta" y "soy una mujer poderosa y realizada". Tienes que ser capaz de bajar la guardia y entregarte a la armonía de la naturaleza. Es imprescindible que te relajes y abras tu alma para recibir estas afirmaciones y aceptar su veracidad. "Soy una reina", "Encarno mi energía divina", "Estoy en perfecta alineación con mi poder y sabiduría ancestrales", todas estas son excelentes afirmaciones para seguir adelante. "Soy la fuerza del viento", "Soy una extensión de la creación cósmica", "Abrazo mi energía sensual" y "Me expreso con franqueza, honestidad y sin prisas" son también afirmaciones increíbles para utilizar.

A través de estas afirmaciones, debes abrir tu mente y permitir que tu cuerpo reciba todos los preciosos regalos que estás a punto de recibir. Tu diosa interior espera ser liberada al cosmos, así que tienes que demostrar que eres digna de recibir ese honor especial. Debes alinearte con el universo y creer en ti misma. Sin esta alineación, estás condenada a mantener a tu diosa oculta y reprimida por toda la eternidad. Cree en el hecho de que eres extraordinaria y transmite esto a tu subconsciente. "Mi energía es fuerte y vital", "Yo soy la joven, la nueva, la antigua y la vieja", "Soy una maravillosa manifestación de la Divinidad Femenina", estas afirmaciones te mantendrán en el camino, incluso cuando te caigas o te desvíes del camino.

4

CREEMOS JUNTAS EL CIELO
EN LA TIERRA

Ser mujer es una verdadera bendición y debería considerarse como tal. Sin embargo, a lo largo de los años, las mujeres hemos sido avergonzadas y denigradas. Se nos ha menospreciado durante tanto tiempo que casi se ha convertido en una segunda naturaleza para nosotras. Parecería ser que estuviéramos luchando constantemente contra todo pronóstico. En una sociedad patriarcal, ser mujer tiene sus inconvenientes. Nadie está dispuesto a renunciar a sus derechos de siempre. Así que es una lucha interminable para demostrar tu valía y ganarte tu lugar en el mundo.

Por eso tenemos que mantenernos unidas. Somos nosotras contra el mundo, tratando de establecer nuestra posición en la sociedad. De lo contrario, siempre estaremos mirando por encima del hombro, con el temor de que algo se acerque por detrás de nosotras y nos prive de lo que hemos conseguido hasta ahora. ¿No es así? Tenemos que comprometernos a ayudarnos mutuamente y potenciar nuestro poder juntas. Es nuestra hora de levantarnos. Mientras nos potenciemos unas a otras, vamos a dar paso hacia una nueva época de oro que creará el cielo en la tierra donde todas podamos prosperar.

Desgraciadamente, las mujeres hemos aprendido por las malas lo difícil que es confiar en los demás. Después de haber experimentado la injusticia, no puedes evitar permanecer escéptica todo el tiempo. La traición no es un mundo desconocido, y duele exponerse a las mismas amenazas una y otra vez. Así que nos construimos un muro, lo suficientemente grande como para mantener a todos a raya. Esta puede ser una gran estrategia, pero conlleva riesgos. Uno de los riesgos que corres es que puedes estar apartando a quien puede ayudarte. Así que en tu esfuerzo por protegerte (lo cual es absolutamente comprensible y hay que felicitarte por ello), tu muro te impide conectar con otras mujeres.

Sin embargo, es crucial entender que hay más cosas que nos conectan que las que nos dividen entre las mujeres. Aunque tengamos formas y tamaños diferentes, aunque estemos a kilómetros de distancia, aunque nuestros orígenes varíen mucho, es esa chispa femenina especial la que nos une. Somos mujeres, lo que significa que hemos alcanzado la grandeza a través de tiempos difíciles. Esto es lo que nos define. Las dificultades que hemos superado sólo nos hacen más fuertes. Pero a menudo nos hacen más frías hacia nuestro propio género. No debes caer en esa trampa, ya que te aleja de tu verdadera esencia.

Ya no debemos derribarnos unas a otras ni juzgarnos. Todas somos mujeres sagradas y tenemos que empezar a unirnos para recordarnos la magia que llevamos dentro. Cuando nos unimos, nuestra energía se amplifica y podemos enviarla al mundo para crear un cambio. Unidas nos mantenemos, divididas caemos. Es inevitable que el poder venga en cantidad. Así que únete a esta red creciente de mujeres y multiplica tu fuerza, en lugar de intentar causar daño.

Somos especiales, hay que mentalizarse de ello. El mundo debería ser acogedor con nuestra singularidad, reconociendo de lo que somos capaces. Sin embargo, la realidad es mucho más dura. Hay obstáculos que no dejan de abatirnos. Los hombres parecen habernos metido en jaulas para intentar contenernos. ¿Te imaginas lo que pasaría si uniéramos nuestras fuerzas por el bien común? Estas restricciones ya no existirían. Esta es nuestra vocación, así que no le des la espalda sólo porque pienses que estás mejor por tu cuenta. No lo estás, créeme.

¿Te Has Sentido Tentada de desprestigiar a las demás?

Hay muchas personas que se sienten obligadas a compararse con los demás. Cuando esa comparación se queda corta, no hay más remedio que intentar disminuir el valor del individuo que ha demostrado ser superior. ¿Te resulta familiar este patrón de comportamiento? ¿Estás constantemente antagonizando con otras mujeres? Esto no es saludable, ya que impide que florezcas realmente desde dentro. En lugar de ello, debes centrarte en tu propio ser, tratando de mejorar y avanzar. Si pierdes el tiempo observando lo que hacen las demás, te privas de dedicar un tiempo valioso a tu crecimiento personal. Todas estas distracciones te pasarán factura y dejarán sus cicatrices para siempre. Te alejarán de tu verdadero objetivo y dañarán tu relación con tus aliadas.

Para ser honesta, este afán por mostrarse superior a las demás podría revelar una dura verdad para ti misma. Tal vez te hayan herido profundamente y ahora te sientas obligada a demostrar tu valor a ti misma y a los demás. Tal vez no hayas encontrado el reconocimiento que mereces, y esto es algo que debes reconocer antes de poder resolverlo. Así que la próxima vez que estés a punto de cotillear o juzgar a otra persona, especialmente a una mujer con la que compartes muchas cosas en común, hazte esta pregunta: ¿qué te lleva a comportarte así? ¿Es la familia, son tus compañeros que siempre te juzgan por lo que eres, por lo que vistes, por lo que haces en tu vida?

Si estás despreciando a otra persona, juzgándola o compitiendo con ella, significa que te lo estás haciendo a ti misma. Este es un reflejo de tus propias emociones negativas. ¿Tienes dudas sobre tu competencia en algo? ¿Te sientes menos digna de lo que hubieras esperado? Puede que estas dudas permanezcan en el subconsciente, pero siguen afectando a tu comportamiento y agudizan tu inseguridad. Si fueras independiente y tuvieras confianza en ti misma, no gastarías tu tiempo en averiguar lo que hacen las demás. Estarías demasiado ocupada intentando perfeccionar tus propias habilidades, tu actuación, tu estilo. Esto es lo que tienes que conseguir. Mejórate a ti misma, descubriendo cómo dejar de criticar a los demás.

Así que cada vez que juzgues a una compañera de trabajo o a una amiga, a una simple conocida o a una total desconocida, intenta interpretar las señales. Lee entre líneas y observa lo que significan esas acciones para ti. ¿Quieres ser mala con los demás? Sé que no es tu caso, ya que una semilla estelar nunca se deja llevar por el mal. ¿Te hace sentir feliz o satisfecha de alguna manera? Estoy segura que no. De hecho, lo más probable es que te llene de arrepentimiento. Está claro que estas acciones no son tu estilo. Lo más probable es que sean un reflejo de lo que necesitas sanar en tu interior. Cuando no te gusta lo que hace otra mujer o no estás de acuerdo con ella, se desencadena algo dentro de ti que necesitas sanar.

Es hora de dar rienda suelta a tu pasión y dejar que esta te guíe, mientras escuchas lo que te dicta tu corazón. Sólo así podrás empezar a observar cosas a las que nunca habías prestado atención antes. Hay belleza en el mundo y en cada una de nosotras. Hay infinitas maneras, en las que cada una de nosotras podemos vivir nuestra propia vida. En un patrón similar, hay infinitos caminos que podemos elegir, según nuestras preferencias individuales. No hay nada correcto o incorrecto, no hay una solución que sirva para todos "no hay un talle que le quede bien a todos". No importa lo más mínimo si estás de acuerdo con esto o no. Simplemente deja que todo el mundo sea, como ellos te dejan a ti, sin juicios, sin vibraciones negativas, sin preocupaciones, sólo pura dicha.

ENCUENTRA A TU FAMILIA DEL ALMA Y OTRAS *Semillas Estelares*

¿Sientes que no perteneces a la tierra? ¿Has tenido alguna vez una experiencia cercana a la muerte o has recordado cosas que no deberías haber podido recordar? Entonces es probable que estés experimentando lo que cada Semilla Estelar pasa durante la revelación de su verdadera esencia. Una Semilla Estelar es un alma avanzada que ha llegado a la tierra desde otros planetas y otras dimensiones. Su propósito es ayudar a la humanidad en esta difícil época de Ascensión en la que estamos viviendo. Estoy segura de que eso explica muchas cosas sobre tu vida.

Siempre atraída por los misterios de la vida, la ciencia ficción y el espacio, eres sensible y empatizas con los sentimientos de los demás. La mayoría te describiría como una soñadora, probablemente demasiado distante a veces, y un ser extrovertido, con un anhelo de ayudar a los demás. Al fin y al cabo, ésta es tu vocación. Tú has decidido visitar la Tierra, lo que demuestra lo cuidadosa y afectuosa que eres. Crees en los principios más elevados, como el amor y la solidaridad, la igualdad y la ayuda incondicional.

Sin embargo, tu transición a ser un ser humano tuvo un costo importante. El costo no fue otro que el olvido. Olvidaste tu propósito en la vida, lo que hizo que no fueras consciente de los retos a los que te vas a enfrentar. Con el tiempo, los recuerdos surgen y empiezas a conectar los puntos. Es como un rompecabezas y tienes que encontrar las piezas una por una. Aunque puede parecer agotador, con cada nuevo descubrimiento te acercas un poco más a tu objetivo final. Te acercas a descubrir más sobre tu vocación, sobre la verdadera razón por la que estás aquí ahora.

Sé que, para una Semilla Estelar, puede ser realmente solitario aquí en la tierra. Te sientes desubicada, como si no tuvieras un lugar al que llamar hogar. Sobre todo, no puedes comunicarte con los que te rodean. Nadie te entiende, ni siquiera cuando fingen que lo hacen. ¿No sería bueno rodearte de seres afines que estén despertando? Personas con las que puedas compartir todo y con las que puedas conectar de verdad: esas son las personas que serán tu familia del alma. Son muy difíciles de encontrar, pero finalmente te encontrarán o tú los encontrarás a ellos. Los poderes que los acercan son mucho mayores que cualquier obstáculo que se interponga en el camino.

Por supuesto, no hay anuncios que puedas publicar para conocer a otras Semillas Estelares y criaturas despiertas. ¡Ojalá fuera tan fácil! La verdad es que ni siquiera te sientes 100% segura de que eres una Semilla Estelar. Has visto las señales, así que sabes que algo pasa. No eres como los demás. Pero, ¿hay otros u otras como tú? Lo bueno es que lo sabrás muy pronto. Tan pronto como conozcas a otra Semilla Estelar, sentirás como si se conocieran de toda la vida. Tu instinto será correcto, ya que habrán sido compañeras de una dimensión diferente.

Lo más probable es que las Semillas Estelares tengan los mismos intereses que tú. Se sentirán atraídas por el espacio y la vida extraterrestre, les gustará volar y serán muy sensibles. Identificarás en ellas tus propios rasgos. Puedes mejorar tu vida social e intensificar tu despertar acercándote a estas maravillosas personas. De hecho, verás que tu poder se vuelve mucho más fuerte cuando estás cerca de ellas. Recuerda que tú también tienes el mismo efecto positivo en ellas.

Consulta seminarios y eventos relacionados con el espiritismo. Los foros y las salas de chat, los grupos en Facebook y los sitios web pueden ayudarte. Asistir a clases de lectura o actuación, sesiones de meditación y yoga también puede funcionar. Un planetario o un lugar donde puedas observar las estrellas, también son lugares increíbles para encontrar a otras Semillas Estelares. Busca esa vibración única en el aire, en la que sientes que has encontrado las piezas que te faltaban. Es una sensación cálida y acogedora, una sensación de logro. Mejor aún, tú sentirás lo mismo y compartirás esa emoción.

5

TU ALMA REGRESA DE VIDAS
PASADAS

A través de la encarnación, todos hemos pasado por vidas pasadas. Todos estamos en este viaje perpetuo hacia la divinidad. Elegimos venir a la vida como mujeres y la razón para hacerlo es prepararnos para este cambio de conciencia. Deseamos reconectar con la magia y el poder con los que hemos perdido el contacto. Quizás en una vida pasada o paralela fuiste ejecutada o condenada por decir tu verdad o por ser una sanadora natural. Has regresado AHORA porque ya no puedes ser asesinada por esto y ya no puedes ser silenciada.

Hemos venido aquí para recordar a otras mujeres y a todos en el mundo que estamos aquí para elevarnos y equilibrar las energías divinas masculinas y femeninas una vez más, para reclamar nuestro poder y sanar el mundo y las heridas patriarcales que han sido causadas por todos nosotros viviendo en una sociedad predominantemente masculina durante tanto tiempo. Has vuelto encarnada en esta forma, lista para el despertar de la energía femenina divina.

¿Puedes imaginar que hubo un tiempo en el que la gente nos perseguía y nos mataba, condenándonos a una muerte dolorosa? Esto no ocurría porque hubiésemos asesinado, violado o torturado a otros seres humanos. Las mujeres hemos sido perseguidas sólo porque los hombres nos acusaron de brujería. Sí, nuestra sagrada conciencia femenina, debido a la inherente y antigua conexión con la divinidad femenina, nos ha costado muy caro. La gente nos quemaba porque se nos consideraba malvadas.

¿Qué hay de malo en tener el poder de alcanzar lo divino? Se suponía que debíamos ser protegidas, incluso adoradas, debido a nuestra conexión con la divinidad. En cambio, la sociedad quería desterrarnos. No se detendrían hasta borrarnos a todas de la tierra. Fue una persecución verdaderamente sangrienta, ya que no mostraron ninguna piedad. Era como si se sintieran amenazados por nuestra naturaleza única. Así que, en lugar de intentar entendernos, optaron por luchar. No querían verse despojados de su poder, y nosotras demostrábamos que éramos dignas de aceptar incluso el mayor desafío.

Afortunadamente, hemos encontrado un camino de vuelta para reclamar lo que es nuestro. Aunque hemos sido perseguidas y completamente incomprendidas a lo largo de la historia, siempre nos hemos recuperado, más fuertes que nunca. A lo largo de la historia, a menudo se encuentran los crímenes organizados cometidos contra las mujeres. Sin el más mínimo esfuerzo por validar las acusaciones destinadas a destruirnos, los hombres siguieron golpeando. Y nosotras seguimos recibiendo los golpes, preparándonos para contra-atacar con más fuerza.

Ahora, ha llegado nuestra hora. Tenemos que invertir la situación actual y recuperar lo que claramente nos han quitado. Somos diosas, somos elegidas, tenemos derecho al poder y a la felicidad. ¿Por qué hemos esperado tanto tiempo? Necesitamos tiempo para que la rueda gire. El cambio no puede producirse de la noche a la mañana. Hemos estado esperando pacientemente, utilizando la encarnación para tomar una forma femenina y reclamar nuestros derechos. Y ahora, por fin, ha llegado el momento de cosechar los beneficios de nuestra larga espera.

¿Estás preparada para tomar conciencia de tus vidas pasadas? ¿Sientes la necesidad de comprender verdaderamente lo que significa ser TÚ? Si es así, puedes avanzar al siguiente paso. Se espera que limpies tu alma interior antes de ahondar en los tesoros de tu existencia pasada. Antes de conocer lo que te ha sucedido, es crucial que prepares el camino cuidadosamente. Limpia el karma de tus vidas pasadas y prepárate para avanzar. Es tu momento de brillar, así que no dejes que nada te retenga y te ahogue en la negatividad.

Limpia El Karma de Tus Vidas Pasadas

Tómate un momento para pensar en un proyecto en el que llevas años trabajando. Si no has sentado las bases adecuadas, pronto te darás cuenta de que todo tu esfuerzo podría desmoronarse. Es justo suponer que hay que tener cuidado a la hora de estructurar todo el asunto. De lo contrario, probablemente será una causa perdida. Considere ahora que has invertido una cantidad significativa de tiempo, sólo para descubrir que has estado trabajando en una ilusión. Esto puede ser, como mínimo, devastador.

Lo mismo ocurre en la vida real. No puedes esperar avanzar a menos que hayas resuelto con éxito los problemas de tus vidas pasadas. Cualquier cosa que hayas arrastrado, cualquier cosa que haya quedado sin resolver, es una bomba de tiempo. Puede que no explote de inmediato, pero acabará por estallar. Así que debes actuar de inmediato y asegurarte de que no tienes ningún peso que te arrastre. Debes liberarte de todos esos asuntos de tu pasado. Esta es la única manera en que puedes esperar tener éxito en alcanzar tu poder divino.

Cuando guardas rencor, estás dañando tu karma de manera grave. De forma similar, la amargura puede herirte emocionalmente e impedirte alcanzar tu divinidad. Aunque pueda sonar tentador, necesitas alejarte de desear el mal a los demás en su camino por la vida. Esto no es lo que eres. Además, debes estar agradecida por todo lo que te sucede. Esto incluye no sólo las cosas buenas, sino también las dificultades por las que pasas. Si te llega algo positivo, eres libre de disfrutar y valorar esos momentos. Por otro lado, cuando te llegue algo negativo, agradece el reto. Es una gran oportunidad que te permite crecer y madurar.

Los pensamientos negativos son horribles, porque te envenenan por dentro. No te permiten experimentar la euforia y la relajación. En cambio, te rodean de energía no deseada. Esto no es algo que necesites en tu vida, así que no invites a esa energía a venir. Lo mejor que puedes hacer es dejar de lado la negatividad. Céntrate en los pensamientos positivos, el optimismo y, en caso de duda, haz una lista de todas las cosas buenas que tienes en tu vida. Seguro que superarán a las cosas malas y así verás la luz al final del túnel.

El karma tiene que ver con las acciones y reacciones que las elecciones traen a tu vida. Si has estado tratando a los demás como basura, no puedes esperar que el universo te trate de forma diferente. Así que para limpiar tu karma, lo mejor es filtrar tu comportamiento y evaluarlo en consecuencia. Sé amable con la gente, sonríe y trátala con respeto. Ser cariñosa y atenta nunca está de más. De esta manera, te librarás de todo el desorden con el que estás lidiando emocional y espiritualmente.

Por último, no puedo dejar de insistir en la importancia de perdonar a los demás. A veces, es difícil hacerlo. Hay comportamientos que no puedes ignorar. La gente puede ser muy dura y cruel. Pero la venganza sólo empeorará las cosas. Seguirás sintiéndote amargada por dentro, ya que nunca conseguirás un cierre. Al contrario, volverás a repetir el mismo escenario, pensando en lo que te ha llevado a sentirte así. No te mereces estar atrapada en esa posición. Así que supéralo, perdona y deshazte de lo que te ha estado agobiando.

Ahora que sabes cómo limpiar tu pasado, es el momento de sumergirnos en nuestras vidas pasadas. Una forma maravillosa de hacerlo es a través de la terapia de regresión a vidas pasadas. Esto puede hacer maravillas para ti, suponiendo que hayas comprendido plenamente de qué estás hecha. En otras palabras, necesitas haber completado la limpieza de tu karma y, por supuesto, debes haber aceptado ser una Semilla Estelar. ¿Estás emocionada? Yo sé que sí. Pasemos al siguiente paso, ¿de acuerdo?

Regresión A Vidas Pasadas

La Regresión a Vidas Pasadas te guiará hacia el descubrimiento de secretos ocultos sobre tus vidas pasadas. Has tenido miles de ellas, así que es justo que aprendas más sobre cómo has vivido a lo largo de la eternidad. Sin embargo, no puedes simplemente pedir y recibir. El proceso es un poco más complicado. En primer lugar, tienes que despejar tu mente por completo. Antes de conseguir este cambio de conciencia, debes asegurarte de que las condiciones sean las ideales. No quieres que ninguna distracción te interrumpa tu viaje previsto, ¿verdad?

Elige un lugar donde te sientas cómoda. Lo más probable es que sea tu casa, pero puedes elegir otro lugar, si lo prefieres. A continuación, ponte algo de ropa también cómoda y liviana. Un pijama acogedor, una camiseta y unos pantalones de yoga o leggings están bien. Sólo recuerda que debes despejar tu mente de cualquier distracción, incluidas las procedentes del entorno que te rodea. Siente la temperatura de la habitación que has seleccionado. ¿Está demasiado fría o demasiado caliente? ¿Hay malos olores que puedan desconcentrarte durante la sesión?

Después de haber creado el ambiente perfecto, tendrás que sentarte cómodamente y cerrar los ojos. Si quieres, puedes poner música relajante de fondo, así como velas o inciensos de aroma suave. Es importante estar a solas con tus pensamientos. Ahora mantén los ojos cerrados y deshazte de la tensión. Deshazte de cualquier pensamiento que te haya preocupado. Ahora es el momento de concentrarte en tu respiración y sólo en tu respiración. Cada vez que inhales, piensa en la flor de loto. Cada vez que exhalas, esa flor de loto se abre y revela su verdadera belleza.

Poco a poco, pero de forma constante, notarás que tu respiración se vuelve más profunda. Sientes eso y nada más. Te has vuelto consciente de tu existencia, apreciando el momento y viviendo sólo para eso. Ha llegado el momento de dejarse llevar y ascender lejos. ¿Estás preparada para ese viaje? Volar es divertido, especialmente cuando dejas tu cuerpo y te elevas por encima del suelo a través de tu alma de luz. Te alejas de la gravedad y absorbes todo lo que te rodea. Es un espectáculo para los sentidos viajar a una dimensión diferente.

Una vez que llegas a tu destino, debes elegir en qué vida pasada vas a profundizar. Hay puertas que conducen a tus vidas pasadas, por lo que debes seleccionar cuál abrir. Como se ha mencionado anteriormente, has pasado por múltiples vidas diferentes. Seguro que no todas han sido igual de importantes. Evalúa tus necesidades y preferencias, averiguando hacia dónde quieres ir. En cuanto tomes tu decisión, debes descender de nuevo a la tierra. Observa una vez más lo que ocurre a tu alrededor, captando cada detalle. ¿Puedes ver hacia dónde te diriges? Esto es muy emocionante.

Al llegar a la línea de tiempo de tu vida pasada, experimentarás tu nacimiento. No tengas miedo de las emociones que vas a sentir. Serán intensas, pero debes valorarlas. Trata de retener estos recuerdos, en cuanto a lo que sentiste al nacer. ¿Fue doloroso, o fue relajante y dichoso? Sea como sea, mantén los ojos abiertos y observa los detalles. ¿Están tus padres contigo? ¿Dónde estás? ¿En qué parte del mundo estás? Antes de que te des cuenta, tu vida pasará rápidamente. Se desplegarán ante ti imágenes con las cosas más significativas que han sucedido en tu vida y tendrás que atar cabos.

¿Eras una buena persona? ¿Estabas sana? Éstas son sólo algunas de las preguntas que tendrás que responder a lo largo de tu viaje. Al viajar hacia tu pasado, recuperarás recuerdos que te ayudarán en tu vida presente y futura. Se trata de una información muy valiosa que no podrías obtener en otro lugar. Así que reúne todos los detalles posibles y trata de darte cuenta si fuiste digna de recordar. Lo más probable es que una Semilla Estelar sea estelar.

En el gran final, tendrás que revivir tu muerte. Esto puede ser una experiencia dolorosa, pero es imprescindible que no rehúyas la experiencia. Intenta averiguar si tuviste una muerte tranquila, si eras mayor de edad, si tenías a tus seres queridos a tu lado. Se trata de datos realmente valiosos, ya que han dejado su huella en lo más profundo de tu ser, aunque no seas capaz de recordar los detalles. Estás viendo tu vida desde una perspectiva más elevada. Cuanto más sepas sobre quién fuiste, mejor. Puede parecer que te asfixias, pero al final estarás bien, como nueva y con todas las valiosas lecciones que habrás aprendido por el camino.

Ahora, una vez que hayas completado este ciclo de vagar por tu vida pasada, se te pedirá que regreses. No puedes quedarte allí para siempre, ya que ya has experimentado todo en esa vida. Lo único que puedes hacer es usar ese conocimiento a tu favor, volviéndote aún más sabia y madura que antes. Es esa sabiduría la que permanecerá contigo de ahora en adelante, ayudándote en tu lucha por alcanzar tu naturaleza divina. Te estás despertando lentamente, abrazando tu lado femenino y avanzando al siguiente paso de la conciencia.

Después de haber concluido el viaje, ascenderás una vez más lejos en diferentes dimensiones y luego comenzarás tu descenso a tu vida actual en la tierra. Disfruta del paseo y trata de aferrarte a lo que has desvelado a lo largo de esta experiencia. Cuando abras los ojos después de que la regresión a vidas pasadas haya terminado, probablemente te sentirás conmocionada. Te sentirás abrumada por los conocimientos recién adquiridos. Es cierto que no puedes haber previsto todo eso. Tal vez nunca hubieras esperado haberte encarnado como una figura masculina en el pasado. Quizás nunca habías imaginado que podías haber sido artista, filósofa, ama de casa o carpintera.

Primero, debes lidiar con el impacto y llegar a un acuerdo con quien hayas sido en tu vida pasada. Luego, revisa tus comportamientos pasados. Hay patrones que pueden ayudarte a interpretar tus hábitos actuales. ¿Qué pensarías sobre las cicatrices que han permanecido intactas con cada encarnación tuya? Asuntos no resueltos que básicamente definen quién eres y cómo reaccionas. Estos problemas deben resolverse, de lo contrario, seguirán persiguiéndote. Por eso es tan crucial recopilar información de tus vidas pasadas, para que puedas enfrentar estos desafíos ahora. Reprograma y mejora tu conciencia, ganando más sabiduría y encontrando los recursos necesarios para elevar tu existencia.

Cuanto más conoces la sabiduría de vidas pasadas, más poderosa te vuelves y más capaz eres de superar los desafíos que debes enfrentar en esta vida. Cumple con tus expectativas, vuela y demuestra de qué estás hecha. Eres divina, así que no dejes que nadie te diga lo contrario. En primer lugar, debes amarte a ti misma y creer en tu poder. Si no lo haces tú, entonces, ¿quién lo hará?

6

ÁMATE A TI MISMA, DESPIERTA TU SEXUALIDAD Y DESATA TU INSPIRACIÓN CREATIVA

¿Has estado reprimiendo tus sentimientos durante toda tu vida? Tus heridas de la infancia pueden haber surgido de otras vidas pasadas, o pueden haber sido el resultado de años y años de abusos. Esto es perfectamente comprensible, ya que nadie puede hacer nada con su pasado. Los niños son impotentes, frágiles y fáciles de moldear. Los adultos están destinados a escudarlos y protegerlos. Sin embargo, no siempre es así. Algunas familias son responsables de crear heridas profundas que nunca parecen curarse. Los niños crecen pensando que no valen nada y que no merecen nada bueno en su vida.

Los niños traumatizados van camino de convertirse en adultos traumatizados. Un sinfín de complejos, sentimientos de inferioridad y pensamientos negativos inundan su mente. Sin embargo, hay una gran diferencia entre la infancia y la edad adulta. La primera viene acompañada de una sensación de impotencia a priori. En cambio, la segunda no debería ser igual. Eres una persona adulta, capaz de tomar tus propias decisiones. Tienes el poder necesario para detener ese círculo vicioso y reclamar lo que te corresponde. No hay lugar para la autocompasión. ¿Por qué ibas a compadecerte de ti misma? Si algo no te conviene, cámbialo.

Cuando se trata de estabilidad emocional, las viejas heridas pueden ser muy drásticas. Resultan demasiado difíciles de superar, y te ahogan en la negatividad. Como resultado, no crees en tu valor y sigues dependiendo totalmente de lo que los demás piensen de ti. En el pasado, fue tu padre quien te acusaba de ser imbécil. Fue tu madre la que nunca te mostró afecto. Fueron tus compañeros de clase los que te insultaron e intimidaron. Ahora, ¿quién ha ocupado su lugar? ¿Quién te acosa ahora?

El autodesprecio no es para ti. Tú no eres la víctima. Aunque hayas experimentado algunas vivencias negativas en el pasado, eres totalmente capaz de revertir la situación. ¿Crees que eres indigna? Esto es algo en lo que tienes que trabajar. De lo contrario, la historia se repetirá y descubrirás que estás viviendo lo mismo una y otra vez. Defiéndete a ti misma, defiéndete del acoso y haz honor a lo que representas. Este es tu momento, no lo olvides.

Siendo mujer, comprendes los sentimientos que experimentas, y se espera que los afrontes. Debes liberarlos para no permitir que te sigan haciendo daño. Por muy crueles que sean estos sentimientos, por mucho dolor que te hagan pasar, tienes que levantarte. La única solución para deshacerte de estas emociones negativas es reconocerlas. Si sigues reprimiendo y escondiéndolas en lo más profundo de tu alma, nunca te sentirás completa. Siempre te faltará algo. Tratar con tus emociones es esencial para tu bienestar y la comprensión de tu verdadero valor. Estas emociones son a menudo oscuras y frías, pero aun así necesitas abordarlas, procesarlas y finalmente eliminarlas.

Quienes hayan sido los responsables de tu sentimiento de inutilidad, no deben pertenecer a tu vida. Establece límites y no caigas en el truco más viejo de todos. No dejes que los demás determinen quién eres. En su lugar, muestra al mundo lo que defiendes y esto se reflejará en los demás. El resto del mundo te verá por lo que eres, allanando el camino que tú quieres recorrer. Como puedes ver, tú tienes las llaves de tu libertad, o de tu cautiverio. Tienes las llaves de tu felicidad, o de tu miseria.

Cuando se trata de relaciones románticas, las cosas pueden ponerse feas muy rápidamente. Una relación tóxica puede envenenarte y esto es algo que definitivamente no mereces. ¿Por qué aguantar este tipo de comportamiento? Si tu pareja no está a la altura de tus exigencias, deberías pensártelo dos veces antes de dejar que ocupe un lugar tan preciado en tu vida. Ser tu pareja es un honor y la otra persona debería estar agradecida. No te corresponde mendigar, ni ofrecer una oportunidad tras otra. Una pareja debe estar en perfecta sintonía con el otro, permitiendo que ambos florezcan y sean mejores. Lo que necesitas de tu relación es tranquilidad, seguridad y amor, respeto y afecto. ¿Reúne esta persona esas condiciones para ti o no?

Suponiendo que tengas dudas sobre la calidad de tu relación, ya tienes la respuesta en tus manos. Sal de esta relación tóxica, antes de que empeore. Debes sentirte segura cuando estás con tu pareja, no prolongar tu inseguridad. Un hombre que quiere estar en tu vida te lo demostrará con cada oportunidad que tenga, no te generará más pensamientos negativos y miedos. No te conformes con menos de lo que te corresponde. Te mereces mucho y no debes parar hasta encontrar lo que te mereces.

Antes de que te des cuenta, encontrarás tu verdadero propósito en la vida y ni siquiera recordarás lo que te trajo el pasado. Hay personas que marcan la diferencia y otras que llegan a tu vida sólo para demostrar que no todos somos iguales. ¡Adivina a quién debes introducir en tu vida! En este libro encontrarás toda la ayuda que necesitas para considerar cuáles son tus pasiones y cómo puedes incorporarlas a tu vida. ¿Cuáles son las cosas que más te inspiran? ¿Qué te gusta hacer? Puedes encontrar actividades intrigantes, perseguir tus sueños o experimentar con cosas diferentes en tu rutina diaria. Tarde o temprano, tus pasiones surgirán.

Sólo así conseguirás ese sano equilibrio en tu vida. Si no alcanzas ese grado de amor propio, no podrás tener grandes aspiraciones. Por el contrario, te autolimitarás y evitarás alcanzar tu verdadera grandeza. Todas esas barreras que aparecen en forma de personas inadecuadas seguirán pasándote factura. ¿Estás dispuesta a dejar que se apoderen de tu vida? No lo creo. Estás hecha para alcanzar tu divinidad. Entonces, ¿cómo puedes conformarte con menos que eso? Todo está ahí para que lo tomes. Sólo tienes que extender la mano y coger lo que quieres. Este será el comienzo de cosas increíbles que te sucederán.

Una vez que hayas encontrado tu equilibrio, revelarás todo un nuevo mundo de posibilidades. Tendrás la oportunidad de activar, potenciar y disparar tu sexualidad y creatividad. Te sentirás como una persona totalmente nueva y diferente, lista para enfrentarse al mundo. Cuando encuentres a alguien con quien compartir este nuevo mundo, habrás adquirido todas las herramientas necesarias para sacar el máximo partido a tu relación. Ya no tendrás miedo ni culpa. Al contrario de lo que puedas creer sobre ti misma ahora, habrás descubierto que eres increíble y que te mereces el mundo entero. Todo eso viene del proceso de inspiración creativa al abrir tus chakras.

Abre Tus Chakras Y Ámate A Ti Misma

¿Estás preparada para amarte a ti misma? Lo sé, a veces puede ser difícil. Sin embargo, recuerda que eres única. Piensa en tu viaje, en todas esas vidas pasadas unidas. Esta sabiduría concentrada, derivada de innumerables vidas, se ha convertido en tu posesión ganada a pulmón. Estás equipada para afrontar la vida con confianza, amor propio y aprecio. Tu compañero se unirá a ti, en una aventura que ambos atesorarán. No hay lugar para mirar atrás, no hay lugar para el odio a una misma y las interminables dudas que se interponen en el camino de tu felicidad.

Abre tus chakras para disfrutar al máximo de tu relación. Hay siete chakras que tendrás que abrir de tu cuerpo, mejorando tu flujo de energía y viendo los beneficios en tu conexión con tu pareja. No retengas tu placer sexual, no tengas miedo de liberar ese poder. Descubrirás que desbloquear esas partes de tu cuerpo te ayudará a alcanzar la divinidad sexual, ganando control sobre cada centímetro de tu cuerpo de una manera mágica, casi trascendental.

El primer chakra es la raíz, al final de tu columna vertebral. Significa el nivel de confianza que cultivan entre tú y tu pareja. No puedes estar con una persona en la que no confías, ¿verdad? Disfruta de la aromaterapia y quema incienso Muladhara, así como aceites esenciales. El sándalo, el jengibre y el ciprés son excelentes para ello. Repite afirmaciones que tengan efectos positivos sobre la seguridad, para desarrollar esa sensación de seguridad a tu alrededor y transmitirla a tu relación. "Estoy segura", "No tengo miedo", "El universo me protegerá", "Amo mi cuerpo y a mí misma" son sólo algunas de las afirmaciones que puedes utilizar, tantas veces como te apetezca. Practica el yoga y céntrate en posturas como la del guerrero, la escuadra, la montaña o la diosa.

El segundo chakra es el sacro, que tiene que ver con la aceptación. En este caso, necesitarás incienso Svadhisthana y aceites esenciales para quemar. La manzanilla, el pachulí y la rosa, son opciones espléndidas. Ahora debes repetir afirmaciones que sean relevantes para tu naturaleza sensual y creativa. "Abrazo el cambio", "Merezco experimentar el placer sexual y la diversión", "Me siento cómoda en mi cuerpo" te funcionarán de maravilla.

El ángulo atado y el bebé feliz son las mejores posturas de yoga para sanar tu chakra sacro.

Pasando a tu tercer chakra, que es el solar y significa el agradecimiento. Este es otro elemento crucial en una relación. El incienso Manipura y los aceites esenciales están puestos en orden aquí, así que elige entre la canela, el almizcle y el azafrán. Debes repetir afirmaciones sobre tu propio poder personal. "Soy ambiciosa", "Soy capaz de asumir cualquier desafío" y "haré cambios positivos en mi vida", te ayudarán a desbloquear este chakra. En cuanto a las posturas de yoga, opta por los saludos al sol, la postura del guerrero y el barco.

Obviamente, el cuarto chakra es uno de los fundamentales en el amor. Es el chakra del corazón, que tiene que ver con la pureza del amor y el afecto que se experimenta en la relación. La naranja, el jazmín, la lavanda son aromas inspiradores que te van muy bien, ya que debes quemar incienso Anahata y aceites esenciales. Las afirmaciones que desbloquean tu corazón incluyen "estoy abierta al amor", "me quiero a mí misma y quiero a todas las demás personas" y "me perdono a mí misma y a los demás". El yoga te ayudará a dirigir tu corazón hacia el cielo, por lo que las posturas perfectas para ello son el camello, el puente y el perro mirando hacia arriba.

La garganta es el quinto chakra, que muestra la expresión positiva y la admiración. La pareja debe apoyarse mutuamente y expresar sus pensamientos, su respeto y su amor de una forma que sane el alma. La salvia, la menta y el eucalipto son perfectos para quemar junto con el incienso y los aceites esenciales Vishuddha. A través de las afirmaciones, debes centrarte en la apertura en la comunicación. Prueba con "Me comunico con honestidad", "Escucho activamente" y "Escucho de forma activa cuando me comunico". La postura del pez, la del camello y la del arado son posturas de yoga estupendas que puedes probar para concentrarte en la garganta y la tiroides.

El chakra del tercer ojo es el sexto en la línea, y representa la armonía. Una relación debe construirse sobre la base de la armonía, de lo contrario no puede durar mucho tiempo. Para desbloquear ese chakra, debes quemar incienso Ajna y aceites esenciales. La mirra, la nuez moscada y la hierba de San Juan son excelentes. Tus afirmaciones deben girar en torno a la conciencia y a la confianza en tu intuición, abriendo tu tercer ojo. "Dejo que mi intuición me guíe", "Confío en lo que siento" y "Mi verdad espiritual me guía" son todas acertadas. Las posturas del delfín, de la langosta y del niño te ayudarán mucho en tu objetivo de alcanzar ese nivel superior de conciencia en el yoga.

Por último, la coronilla. Este chakra representa la conexión, que es la quinta esencia de una relación. Te ayuda a permanecer conectada y construye un muro a tu alrededor, para que te sientas segura e íntima con el otro. Quema incienso Sahaswara y aceites esenciales, como incienso, mirra y alcanfor. Tus afirmaciones aquí deben ser relevantes para la iluminación y la conexión profunda y espiritual contigo misma y con los demás. "Me guía mi yo espiritual superior", "Me siento conectada al universo" y "Soy una extensión del universo" son todas excelentes. Por último, pero no menos importante, en el yoga debes seleccionar posturas de meditación, como las de loto, medio loto y la postura del árbol.

Ahora ya sabes cómo abrir tus chakras y perseguir tu sexualidad y creatividad.

Ejercicios Útiles Para Añadir A Tu Ritual Matutino

. . .

Tu cuerpo es sagrado. Hay que honrarlo y respetarlo en lo más profundo. No dejes que nadie te diga lo contrario. Si quieres elevar tu sexualidad y disfrutar de los beneficios de la seducción, puedes hacerlo mediante ejercicios específicos. De hecho, puedes añadir esos ejercicios a tu ritual matutino y recurrir a ellos, siempre que necesites orientación.

• Algo interesante que puedes hacer para encender esa energía sexual dentro de tu cuerpo es conseguir un diario o un papel en blanco y escribir la palabra "Seductora". Al fin y al cabo, esto es lo que estás tratando de desbloquear, tu seducción interior, que magnetiza a los demás y te hace sentir imparable. A continuación, puedes empezar a escribir palabras que te parezcan relevantes para la "Seductora". ¿Qué connotaciones te trae esa palabra? Hazlo y verás que la chispa se aviva. Recibirás esas palabras y las encarnarás, en lugar de tenerlas sólo en tu mente. Se liberarán y tendrás la oportunidad de disparar tu sexualidad.

• La sensualidad se puede potenciar mediante otro ejercicio muy útil. Siéntate con las piernas cruzadas y empieza a respirar lentamente. Inhala y exhala sin prisa. A continuación, puedes moverte en el sentido de las agujas del reloj, inspirando cuando te mueves hacia dentro y exhalando cuando te mueves hacia fuera. Cuando hayas sentido esa energía sensual trabajando para ti, haz lo contrario. Este movimiento creará energía sexual. En cuanto nos demos cuenta de que hemos creado suficiente energía para servir a nuestro propósito, nos permitimos sentirla. De nuevo, con las piernas cruzadas, deslizamos la parte superior del cuerpo hacia delante y luego hacia atrás, sin mover la pelvis. Por último, respiramos profundamente mientras intentamos experimentar la energía que hemos creado.

• El ejercicio del suelo pélvico es otra opción maravillosa

que potencia tu sexualidad y creatividad. Te tumbas en el suelo, asegurándote de tener una alfombra o una esterilla debajo de ti. Puedes colocar una almohada justo debajo de los muslos o debajo de las rodillas. Abre las manos, pon los pies en el suelo y dobla las rodillas. Ahora debes conectar tu cuerpo a tierra. Empieza por los hombros, prestando atención a tu respiración al mismo tiempo. Baja un poco los hombros y continúa con la columna vertebral. Siente cómo se alarga, hundiéndose bajo la superficie. A continuación, avanza con las caderas y los muslos, las pantorrillas y los talones. Concéntrate primero en el lado derecho y luego en el izquierdo. A continuación, siente que la luz brilla por todo el cuerpo y dirige los rayos de luz a la zona pélvica. Al inhalar, la luz se hunde más y se acerca a la pelvis. Aprieta y suelta la energía. Ahora piensa en esto. La luz que has sentido dentro de tu pelvis se convierte en una rosa florecida. ¿Qué haces? Te sientas cómodamente, dejando más espacio para la flor. Lentamente, respira profundamente y repite este movimiento expansivo. Cuando te sientas completa, vuelve a tu posición inicial y experimenta esa preciosa relajación.

❧ 7 ❧
ABRAZA TU FEMINIDAD

En este capítulo voy a centrarme en la feminidad como virtud, instándote a abrazarla y a estar orgullosa de lo que eres. Supongo que a estas alturas ya te has dado cuenta de lo que significa la feminidad. Estás buscando la manera de liberar tu feminidad al mundo. El hecho de que salgas del armario como una verdadera mujer puede llenarte de miedo y ansiedad. La sociedad moderna no ve con buenos ojos a las mujeres que han abrazado su estilo femenino. Al contrario, a menudo hay referencias a las mujeres que las hacen parecer caricaturas; muchas son ridiculizadas por lo que hacen en su vida. A lo largo de los años se han desarrollado demasiados estereotipos. Una mujer femenina se viste de rosa, es algo tonta o superficial, no tiene poder físico y depende del hombre para obtener ayuda en todo lo que hace.

Sin embargo, la feminidad es mucho más que eso. No debes tener miedo de mostrar tu lado femenino. Al contrario, debes aceptarlo, porque es tu superpoder. Sin él, serías una persona común y sin brillo. Gracias a la feminidad, eres elegante y con estilo, eres sensible y cariñosa, eres inteligente y estás llena de confianza, esperanzas y sueños, eres maravillosa. A menos que dejes de confiar en lo que piensan los demás, nunca podrás esperar liberar tu mente y liberar tu verdadero poder en el mundo. Créelo, ahora que tu despertar está teniendo lugar, puedes prosperar y disfrutar de tu vida a pleno.

Tu energía femenina determina mucho de ti misma. Si disfrutas de ser mujer, no hay razón para retener ese placer. Es tu derecho moldear tu personalidad de la manera que desees. ¿Por qué tienes que reprimir tus verdaderos sentimientos? No hay razón para sentir culpa o vergüenza por las discriminaciones que hemos sufrido durante mucho tiempo. Los tiempos han cambiado y este es nuestro momento. No importa cuán severamente hayas sido traumatizada, no importa cuánta vergüenza hayas sentido en el pasado, este es el momento de dejar ir todo lo malo y creer en tu energía femenina única. Atrévete a ser femenina, a pesar de lo que puedan decir los demás. ¿A quién le importa?

Entiendo que algunas mujeres pueden rechazar la feminidad, debido a una situación traumática que han vivido en el pasado. Esto es un mecanismo defensivo y no debes depender de eso. No desperdicies tu vida, conformándote con algo que te hace sentir menos feliz de lo que te sentirías con la liberación de tu energía femenina. Las características masculinas suelen considerarse mejores, en términos de seguridad y tradición. La mayoría de la gente las prefiere a los rasgos femeninos más sensibles.

Para que puedas abrazar tu feminidad, primero debes darte cuenta de dónde surge. Para ello, necesitarás responder a algunas preguntas. Así que tómate un momento y piensa en las respuestas a las siguientes preguntas: *¿Disfrutas siendo mujer?,*¿Qué parte de la feminidad te gusta y qué parte de ella te hace sentir mal?, *¿Cuándo empezaste a pensar en la feminidad?, *¿Dónde te gustaría estar dentro de cinco años?,

*¿Quién te enseñó a ser femenina? y *¿Eres realmente femenina? Todas estas son grandes preguntas para provocar esa conversación interior contigo misma. Es importante que reconozcas tu feminidad y que sepas cuándo te falta. Te darás cuenta de que, hasta cierto punto, tienes prejuicios contra la feminidad, debido a las representaciones negativas de la sociedad y a la discriminación hacia las mujeres.

AHORA QUE TIENES UNA IDEA MÁS CLARA DE LO QUE ES LA feminidad, ¿por qué no te centras en quién o quienes te han influido para formar tu opinión sobre la feminidad? Si tienes miedo de abrazar la feminidad, probablemente alguien ha contribuido a tu opinión. Es posible que hayas sufrido discriminación dentro de tu familia, en la escuela o por parte de tus compañeros. Las cosas empeoran cuando las personas a las que más admiramos resultan ser críticas. De este modo, a menudo cambiamos nuestro punto de vista y suprimimos nuestras propias creencias, para mantenerlos contentos y satisfechos.

Incluso en el caso de un trauma, puedes replantear tu feminidad. Esto ocurre a través de un proceso que puedes hacer por ti misma. Sé que has sido herida, debido al hecho de que vivimos en una sociedad patriarcal. Sin embargo, hay aspectos de la feminidad que todavía te atraen. Hay detalles que te hacen querer ser femenina. Averigua cuáles son esas cualidades y aférrate a ellas. Ser femenina no es sólo ser una chica. Eres creativa y hermosa, eres cariñosa y cuidadosa.

Las mujeres tienen todas estas impresionantes cualidades, que las hacen divinas. Somos realmente únicas en el mundo. Desde que existe la humanidad, las mujeres han prosperado y han sido adoradas por sus cualidades. Se las adoraba por todo lo que representaban. Su conexión con la divinidad, sus poderes curativos, su compasión y su perspicacia, su empatía e intuición, su sabiduría y afecto, eran elementos que elevaban a las mujeres al pedestal que les correspondía. Sin embargo, las cosas estaban destinadas a cambiar. Los hombres se vieron amenazados por el dominio de las mujeres. Se sentían cada día más inferiores y no podían soportarlo. Este ha sido el motor de la instauración del patriarcado. A través de acusaciones, falsas interpretaciones, sabotajes y enfrentamientos, los hombres se hicieron con el poder.

HA PASADO MUCHO TIEMPO DESDE LA ÉPOCA EN QUE EL patriarcado se convirtió en la norma en las sociedades de todo el mundo. Las mujeres se vieron obligadas a comprometerse por menos, a ser rebajadas a una categoría inferior, hasta que empezaron a reclamar lo que les correspondía. Esto ocurrió gracias al feminismo. Este movimiento sacudió los cimientos de las sociedades modernas y trajo consigo enormes cambios en la forma de interactuar de ambos sexos. Sin embargo, hay una diferencia importante que no podemos ignorar. A través del feminismo, lo que las mujeres reclamaban y recibían era relevante para sus rasgos masculinos, no para los femeninos. Las mujeres estaban ansiosas por vivir sus vidas como los hombres, lo que han conseguido en gran medida hasta ahora. ¿Pero ha sido para su propio bien? Yo creo que no. Las mujeres querían imitar el comportamiento masculino, aunque su propósito es totalmente diferente. Somos totalmente diferentes. De hecho, complementamos a los hombres, no nos oponemos a ellos y no queremos ser ellos. Tanto los valores femeninos como los masculinos son hermosos, por lo que no debemos abolir ninguno de ellos.

Has aceptado la feminidad y estás deseando aplicarla en tu vida diaria. Hay millones de maneras de hacerlo. Escoge las que realmente te gusten y ve a por ellas. Empieza a prestar atención a lo que llevas puesto, para que cada prenda repre-

sente lo que eres de forma femenina. Después, puedes rede-
corar tu casa o sólo tu espacio personal. Puedes reorganizar la
cocina o cambiar tu corte de pelo, teñirte o empezar a escul-
pirte las uñas. Los pequeños detalles pueden hacer maravillas
para cambiar la forma en que te sientes por dentro, así como
la forma en que te ves e irradias tu energía.

VOLVERÁS LOCOS A LOS HOMBRES

¿Te gusta ser mujer? Entonces tu lado femenino es cele-
brado y apreciado. Esto es muy bueno. Debes saber que
expresar tu energía femenina vuelve locos a los hombres. Hay
muchas cosas que puedes hacer para disparar su libido y hacer
que te deseen como locos. Lo mejor es que no tienes que
fingir. Sólo tienes que dar libertad a tu sensualidad y ajustar
un poco tu comportamiento, para atraerlos más de lo que
jamás has imaginado. Veamos algunos consejos útiles que te
permitirán conseguir que tu hombre no piense en nadie más
que en ti, las 24 horas del día.

Lo primero y más importante es que te sientas cómoda en
tu feminidad. Respira despacio, sé suave y cálida. De nada
sirve vestirse de forma sexy, si no puedes soportarlo sin

sentirte incómoda. Estás hecha para hacer cosas que te gustan, no para que los demás las encuentren atractivas. Nadie debe reprimirte y eso te incluye a ti misma. En lugar de eso, asegúrate de que te sientes cómoda con trajes elegantes, presta atención a tu pelo y maquillaje, haz cosas que aumenten tu confianza y autoestima. De este modo, no sólo estarás estupenda, sino que te sentirás que vales un millón de dólares.

A continuación, debes ser capaz de decir "no". Al principio, puede que te sientas mal por rechazar una sugerencia o por seguir con tus propios planes, en lugar de adaptarte a la rutina de tu pareja. Sin embargo, piénsalo de otra manera. Como mujer, puede que hayas pensado que debes ser sumisa. No es así. Tienes tu propia vida. Tienes poder e independencia. Así que puedes tener tus propios intereses, tus gustos y disgustos. Si estás demasiado cansada para salir esta noche, quédate en casa y date un largo baño. No te pongas al límite, simplemente porque quieres complacer a tu hombre. Él lo entenderá. De hecho, estará encantado de ver que no dependes de él. Lo más probable es que consigas que te desee aún más, después de haberte negado a salir un par de veces.

Al igual que en el consejo anterior, puedes probar hacer algunos compromisos por él, pero sólo después de hacérselo saber. Por ejemplo, puedes probar la comida mexicana, aunque nunca hayas pensado en hacerlo debido a las especias tan fuertes. "Normalmente, nunca iría a un restaurante mexicano, pero voy a hacer una excepción por ti", parece un gran cumplido para él. "Normalmente prefiero el senderismo, pero claro, podemos ir en bicicleta de montaña si quieres. Puedo probar esto", "Hm, siempre pido un Martini, pero ahora probaré lo que tú tomas por primera vez", son sólo algunas de las formas en las que puedes hacerle sentir especial. Como te hace experimentar algo diferente por primera vez, se sentirá extraordinario, ¿verdad?

Lo siguiente que puedes hacer es permitir que tu hombre haga algo por ti. Sé que esto suena casi como algo trillado, que sucede comúnmente en la vida. Las mujeres hemos aprendido por la vía dura a ser fuertes e independientes, expresando nuestra energía masculina siempre que sea posible. Sin embargo, tienes que retorcer un poco eso, sólo como un recordatorio de que eres femenina y necesitas protección. No hay nada malo en mostrarse vulnerable a veces. Por supuesto, no debes irte a los extremos y parecer indefensa. Sólo un poco. "¡Oh, qué amable de tu parte que hayas cocinado la cena, estaba demasiado cansada para cocinar y estoy hambrienta!", "Gracias por comprar la comida porque me olvidé de hacerlo" son formas maravillosas de hacerle saber que lo necesitas.

El componente clave para hacer que tu hombre te quiera más allá de la comparación, es darle espacio y tiempo. Tendemos a reaccionar de forma diferente con los hombres y esto tiene sus raíces en la ciencia. Los hombres no procesan la hormona del cortisol como las mujeres, lo que les hace más propensos a estallar de emociones. Por eso los hombres son más propensos a estallar y perder el control. Cuando pienses en la forma en que tu hombre te responde, es muy importante que tengas esto en cuenta. De lo contrario, sentirás que no te está tratando bien. Así que si estás dispuesta a dejar que tu hombre se desahogue y permitirle un tiempo para que respire un poco, él lo agradecerá mucho. Verá que lo estás entendiendo, lo que hará que finalmente se acerque a ti.

Nunca debes depender de un hombre para tu felicidad. Debes ser totalmente independiente, ya que puedes ser feliz por ti misma. Atraer a un hombre debe ser todo diversión, y debe ser una parte de tu divina autoexpresión. Tenlo siempre presente y sé generosa con tu divinidad femenina, dejando que tu hombre vea lo que hay debajo de la superficie y presentándole las maravillas que le esperan. ¡Enseguida se volverá loco por ti!

Cómo Activar y Potenciar La Energía Sexual

Tu energía sexual debe ser celebrada, porque tienes derecho a la pasión y el placer absolutos. ¿Por qué querrías reprimir tus necesidades? Tu sensualidad te guiará a los niveles más altos de conciencia, ofreciéndote la oportunidad de disfrutar de la vida como nunca antes lo habías hecho. Así que debes encontrar formas de activar y nutrir tu energía sexual, para que crezca y se expanda desde dentro. Hay muchas cosas que puedes hacer, siempre y cuando te des cuenta de que la energía debe estar contenida dentro de ti para dar su máximo potencial.

En primer lugar, empezaremos con la comida. Sí, lo que comemos nos afecta de más formas de las que podríamos imaginar. Esto significa que debes prestar atención a lo que comes, no sólo para mantener tu peso ideal y permanecer sana. Cada alimento que elijas influirá en la calidad de tu energía sexual. No dudes en comer verduras y frutas frescas en la medida de lo posible, asegurándote de obtener la mayor parte de esos alimentos crudos. Evita los alimentos procesados, los edulcorantes y colorantes artificiales, la nata espesa y el exceso de grasa. En su lugar, valora el sabor y la textura. Elige la calidad en lugar de la cantidad y haz que cada bocado cuente. En cuanto a los líquidos, bebe mucha agua y date el gusto de tomar té verde y de hierbas, así como vino moscato varias veces al día. Esto te acercará a la divinidad, así que comprueba si disfrutas de esos sabores. ¡Estoy segura de que lo harás!

. . .

Luego, mímate todo lo que puedas. Date un largo baño con sales y aceites esenciales, despejando tu mente de todo lo innecesario. Deshazte de la tensión con un buen masaje, medita o haz sesiones de yoga. Sal a pasear, respira el aire fresco y siente la calma que te rodea. Tómate un tiempo libre, dedícalo a ti misma y aprovecha cada momento. Estamos acostumbradas a llenar de actividades nuestros días. Sin embargo, esto sólo nos llena de ansiedad y siempre nos hace sentir incompletas. Al final del día, lo único que debería importarnos es haber sido capaces de complacernos a nosotras mismas, haber dado lo mejor de nosotras y habernos conectado verdaderamente con las personas que amamos.

¿Has probado alguna vez la danza mística? Es la mejor manera de bailar desde tu interior, para que despiertes la energía de la divinidad femenina. Tienes que entender los chakras de tu cuerpo y liberar la tensión, expandiendo la energía. La danza del vientre es una forma excelente de danza mística, así que puedes probarla y ver lo que te aporta. Los tres pasos para abrazar verdaderamente tu energía sexual y expresarla al mundo incluyen formas de relajarte, encender la energía y luego contenerla. Así que después de haberte relajado mediante técnicas de respiración profunda, meditación y afirmaciones positivas, puedes encender la energía mediante la danza del vientre. Empezando por la columna vertebral y el primer chakra, puedes comunicarte con el universo a través de tu cuerpo. Siente cómo la energía se expande y se mueve hacia arriba, pero manteniéndola contenida. Esto te ayudará a experimentar la energía en su máximo potencial, sin dispersarla por el mundo. Mantenla dentro de ti, atesórala y disfrútala.

Una vez que lo hayas hecho, te sentirás fortalecida y lista para enfrentarte al mundo. Ya no hay límites que te impidan disfrutar, ni tabúes que superar. Te mereces experimentar toda la magnitud del placer que se deriva de tu energía sexual, alineada con el universo.

ANTAGONISTAS DE LOS HOMBRES: ¿ES ESTO REAL?

Como señalé anteriormente en el libro, no hay absolutamente ninguna razón por la que debas antagonizar con los hombres y compararte con ellos. De hecho, si hay algo que hemos aprendido hasta ahora sobre las relaciones humanas, es el reconocimiento de que tanto los hombres como las mujeres deben crear el equilibrio perfecto para prosperar juntos. Al igual que el Yin y el Yang, hay que encontrar las proporciones adecuadas para lograr la unidad ideal. La energía Yin puede encontrarse en la calma de los colores sutiles y la música suave, y en la relajación derivada del agua que fluye suavemente en el mar. Por otro lado, está la energía Yang, que es mucho más activa y puede verse en la luz, los colores y los sonidos más intensos. No hay comparación entre las dos energías, sólo un esfuerzo por equilibrar y crear algo hermoso en el mundo.

Las mujeres han sido engañadas para que crean que necesitan enemistarse con los hombres, tratando de superarlos, y reclamar lo que han perdido. Este es un círculo vicioso, ya que despoja a las mujeres de su singularidad y no muestra ningún deseo real de encontrar la armonía en la vida. Una mujer no debería mirar a los hombres y tratar de ser más como ellos. Obviamente, como ya se ha dicho, hay aspectos y características masculinas en cada individuo, incluidas las mujeres. Sin embargo, esto no significa que una mujer deba cambiar su propia esencia y dejar que esos rasgos masculinos prevalezcan. De este modo, perdería la energía de la divinidad femenina, que es vital para su bienestar y la celebración de su identidad.

Cuando un hombre y una mujer se unen, se produce un verdadero milagro. Hay fuerzas tan diferentes, pero que se complementan entre sí. No hace falta que te esfuerces al máximo, en pos de demostrar que eres mejor que los hombres. Esto no es una carrera, ni una competición. Sin embargo, debes mantenerte firme y reclamar lo que quieres. Tienes el poder de sentar las bases de una relación fructífera, basada en la comprensión mutua, el amor y el afecto. No intentes estropearlo, demostrando tu punto de vista o aferrándote a sentimientos de venganza y rencor. Esto no es lo que eres. Tu unión debe ser una bendición, en lugar de un conflicto constante. Recuerda la Ley de la Polaridad (*Crea Equilibrio Y Armonía Utilizando La Ley De La Polaridad*, 2016). Según este concepto, para cada acción hay una reacción igual, del mismo tamaño e intensidad. Todo en la vida viene con dos polos, por ejemplo, el bien y el mal. De hecho, todo es dual en la vida. Esto significa que las personas estamos en busca de nuestro segundo polo para volver a sentirnos completos. Lo que manifestamos es una combinación de los dos polos, tratando de adquirir el equilibrio. No hay que olvidar eso.

Los hombres no son el enemigo aquí. En todo caso, deberían ser nuestros aliados. Estamos juntos en esto. Están tan perdidos como nosotros, en el viaje hacia la iluminación y la conciencia personal. Nos sumergimos en lo más profundo y tratamos de explorar lo desconocido. Tanto los hombres como las mujeres buscamos la armonía en una relación. Es justo suponer que esta armonía puede alcanzarse a través de una profunda comprensión, así como de la comprensión de que no somos iguales. Somos iguales, pero no iguales. Nadie es superior, sino que nuestro valor es idéntico. Así es como debemos estructurar una relación sólida, que va a hacer que la relación perdure, a pesar del paso del tiempo.

8

LIBERA LOS TRAUMAS DEL PASADO Y HAZ ESPACIO PARA EL DESPERTAR DE TU DIVINIDAD FEMENINA

Desde que eras una niña, te dijeron que cambiaras tu forma de comportarte. Al mismo tiempo, cualquier signo de feminidad que mostraras parecería desencadenar reacciones negativas. ¿Te resulta familiar? Cuando no estás segura de ti misma y de tu identidad, creces cuestionándote todo. Cuestionas tu poder y tu valor personal, dudas de si eres lo suficientemente digna como para merecer y provocar el amor y el placer, rehúyes de todo lo que te hace sentir y parecer femenina. Pero, ¿es esta realmente la forma en que deberías ser? ¿Realmente quieres comprometer todo, sólo para encajar en las cajas genéricas que otros han creado para ti?

No te hará sentir conforme contigo misma, vivir tu vida de acuerdo con lo que otros dictan. Especialmente cuando tu vida es tan única y eres capaz de experimentar la grandeza y la divinidad. En primer lugar, tienes que limpiar los traumas de tu pasado, cambiando tu mentalidad y reseteando tu vida. Debes profundizar en la investigación y desaprender todo lo que te han enseñado durante todos estos años. Requiere de mucho esfuerzo y trabajo duro, pero te prometo que vale la pena. Lo que tienes que hacer es cavar profundo y enraizarte a tu verdad. Lo que más importa es lo que crees y lo que quieres.

Te han herido profundamente, tu lado femenino ha sido traumatizado y ahora estás experimentando los efectos secundarios de este trauma. Tal vez tu identidad sexual se ha convertido en un asunto de crítica, un motivo de vergüenza. Todos los que te rodean te miran como si no fueras más que un recipiente de placer sexual. Tu figura desencadena deseos y esto está perfectamente bien para los hombres. Ellos pueden expresar ese deseo, sin prestar atención a tus emociones. Ya sea que te sientas cómoda o no, pueden hacer comentarios sobre tu apariencia, y pueden hacer su jugada, incluso si te causa angustia.

Por otro lado, siempre se nos ha aconsejado ser solemne y sutil. No debemos ser agresivas ni provocar a los hombres, porque entonces nos lo hemos buscado. En la sociedad, una mujer que se libera y expresa su feminidad se considera casi siempre provocadora. Debería ir más despacio, disimulando o cubriendo su verdadera personalidad, y adaptarse a los estándares de la sociedad en cuanto a lo que es aceptable y lo que no es. Si la mujer no se adapta a esos estándares, su expresión podría llevarla a un sentido excesivo de su sexualidad. Así que en lugar de sentirse cómoda y bien siendo sexy, lo podría utilizar para manipular a los demás. Sabes que es una herramienta, una ventaja que tienes sobre los hombres. ¿Por qué no usarla en tu beneficio? Más que eso, seduces y controlas a los hombres con lo más poderoso que tienes, porque esto es lo que te han enseñado a creer.

La otra forma en que el trauma puede aparecer en tu vida es a través de las emociones reprimidas. Para ser más específica, siempre has oído a los demás decirte que seas dura. A menudo se nos caracteriza a las mujeres como demasiado blandas, impotentes e incapaces de controlar nuestras emociones. Es absolutamente comprensible que las mujeres sean más sensibles. Está en su lado femenino de la existencia. Sin embargo, la sociedad no tiene espacio para eso. Por el contrario, se espera que las mujeres se templen y soporten las dificultades, así como los sentimientos negativos, sin quejarse. Es un mundo cruel, pero hay que salir adelante y encontrar la manera de afrontarlo. Además, se nos dice que debemos ser más como los hombres. ¿Qué hace un hombre cuando pasa algo malo? Se enfrenta a ello, sin llorar ni quejarse.

Con eso en mente, aprendes a reprimir tus emociones mientras creces. Infravaloras su significado y te acostumbras a imitar el comportamiento masculino. No hay nada malo en tener un lado masculino. De hecho, tener el equilibrio perfecto entre lo masculino y lo femenino sería la forma correcta de vivir tu vida. Pero esto no significa que debas olvidar lo que es ser una mujer. Mostrar compasión, ser sensible y abierta, cálida y suave, son elementos que definen quién eres realmente. Estos rasgos revelan tu grandeza y no debes olvidarlos.

Libérate Del Equipaje Pesado

Desarraigar los traumas del pasado para hacer espacio a tu despertar de la divinidad femenina es esencial. Tienes que ser fuerte y dar todos los pasos necesarios para poder avanzar. Cuando tienes tanto peso sobre tus hombros, es justo que te sientas abrumada y agotada. Por el contrario, una vez que te ocupes de los asuntos que te han estado preocupando y consigas cerrarlos, te sentirás más ligera que nunca. Así que no pierdas más tiempo. Encuentra lo que te está arrastrando y deshazte de ello de inmediato. Deberías tratar estos temas limpiando las creencias subconscientes que tienes como mujer, y este libro no sólo te ayudará a ser consciente de tus creencias limitantes, sino también a superarlas. Sanar la niña interior puede hacer espacio para tu despertar.

Lo primero que tienes que hacer es enfrentarte al trauma. Es imprescindible que abordes con claridad lo que te ha trau-matizado, porque de lo contrario no podrás afrontarlo adecuadamente. Cuando te enfrentas a una amenaza desconocida, no hay una forma eficaz de superar el problema y pasar de él. Así que la confrontación es la clave del éxito. Si sigues enterrándolo bajo tierra, sólo prolongarás una situación negativa y te impedirás experimentar lo que te corresponde. No te escondas de la verdad, no ocultes los hechos ni distorsiones la realidad. A continuación, debes hablar de lo sucedido. Existe una amplia variedad de formas de tratar el tema. Algunas personas pueden elegir la terapia, porque les apetece confiar en un profesional. Por supuesto, esto puede ser algo muy positivo. Los expertos te guiarán en el proceso de analizar los detalles relativos a tu trauma. A través de las preguntas adecuadas, tendrás la oportunidad de leer entre líneas y ver exactamente qué ha desencadenado tu herida. ¿Fue un incidente concreto o fue una persona la que te hizo sentir mal? Por otra parte, las mujeres pueden recurrir a sus amigos para liberar su tensión y desahogarse. La familia puede servir de la misma manera, aunque la mayoría de la gente piensa que los miembros de la familia pueden presionar a las víctimas del trauma para que no se abran. Por último, un diario puede ser bastante liberador. Si te expresas bien por escrito, puedes probar plasmar tus pensamientos en un diario.

Para avanzar, es hora de aceptar lo que ha sucedido. Sólo así podrás encontrar la paz. Aunque puede hacerte sentir dolor, necesitas pasar por ese dolor para recuperarte. Debes estar preparada para aceptar que todo sucede por una razón. Aferrarse al pasado destruirá tu vida. Será un ancla que te llevará al fondo. Tienes que deshacerte de la cadena del ancla para volver a salir a la superficie. Utiliza ese trauma como una lección y no como un patrón. Finalmente, habrás completado el ciclo y estarás lista para seguir adelante. Ya no hay excusas, ni coartada para el sufrimiento. Eres libre.

RITUAL MATUTINO FÁCIL DE SEGUIR

. . .

¿Qué haces cuando te levantas por la mañana? ¿Eres una de esas personas que pone una docena de alarmas, sólo para pulsar el botón de "posponer"? Esto sólo te hace perder una fracción del tiempo en el que deberías estar durmiendo, lo sabes, ¿verdad? ¿O tal vez te levantas justo después de que suene la primera alarma, para prepararte y dirigirte al trabajo? Hagas lo que hagas, lo más probable es que no te dediques mucho tiempo a ti misma. Y es una lástima. Tu alma necesita alimentarse tanto como tu cuerpo. Por lo tanto, tienes que cuidar tu claridad mental y tu calma. Para ello, tendrás que cambiar algunos de tus viejos vicios.

Al cambiar tus hábitos, descubrirás todo un mundo nuevo. De este modo, podrás experimentar con nuevos patrones que podrían convertirse en tus favoritos. En primer lugar, debes comprometerte a despertarte un poco antes de lo que hubieras deseado. Esto te permitirá despertarte de forma más natural, evitando tensiones y estrés innecesario. A continuación, debes prepararte un desayuno abundante y saludable. Es esencial que te hidrates, dejando que tu cuerpo reponga todos los valiosos componentes que ha perdido durante la noche. Averigua qué alimentos le sientan bien a tu sistema digestivo y, que al mismo tiempo, te ofrezcan los nutrientes y la energía que necesitas para un día completo.

A continuación, debes incorporar algún tipo de ejercicio físico a tu ritual matutino. Obviamente, lo mejor es que practiques meditación y ejercicios especiales, destinados a activar diferentes partes de tu cuerpo. Sin embargo, también debes encontrar tiempo para apreciar el momento y dejar de lado el estrés. Esta es la forma perfecta de empezar el día.

Volviendo al ejercicio, deberías poner en práctica un ritual matutino femenino diario que se centre en la limpieza de traumas, creencias limitantes, vergüenza y en la realineación con tu energía femenina sagrada. Existen varias técnicas y conjuntos de ejercicios que puedes probar. A continuación, encontrarás algunos ejercicios realmente útiles y fáciles que puedes incluir en tu agenda diaria. Empieza tu día con este entrenamiento y te sentirás renovada, regenerada y llena de energía.

En primer lugar, empezaremos con los ejercicios TRE. TRE son las siglas de *Trauma Releasing Exercises* (ejercicios para la liberación de la tensión y el estrés). Si observas el reino animal, te darás cuenta de que muchos animales lo hacen para liberarse de cualquier tensión. Lo mismo se aplica a los humanos, así que deberías experimentar con el poder de sacudir el trauma de tu cuerpo. Uno de los mejores ejercicios es ponerse de pie y apoyar tu espalda y todo tu cuerpo contra la pared. Luego debes mover lentamente tu cuerpo hacia abajo flexionando las rodillas, mientras haces que tus piernas creen un ángulo y las abres ligeramente. Así, al final, será como si estuvieras sentada en una silla invisible, apoyando tu cuerpo por la espalda y principalmente por las piernas. En cuanto sientas que estás al borde del colapso debido al peso, te elevas un poco y continúas ejercitándote así. Después de haber recuperado casi la posición inicial de pie, sentirás que tus músculos tiemblan. A continuación, debes tumbarte de espaldas, con las rodillas levantadas y los pies firmemente plantados en el suelo a unos pocos centímetros de distancia. Experimenta separando las rodillas para descubrir qué es lo que crea el temblor más intenso. Esto liberará las tensiones almacenadas en tu cuerpo. Yo practico los ejercicios TRE al menos 30 minutos al día y he notado grandes resultados. Para mantenerme productiva, suelo leer mientras me muevo.

Si quieres un ejercicio TRE diferente, puedes sentarte en el suelo y unir las plantas de tus pies, mientras doblas las piernas. Ahora tu posición será como la de una rana. Cuando te sientas cómoda en esta posición, intenta elevar tu cuerpo hacia el cielo. Este es un excelente ejercicio para tonificar los músculos. Mientras te mantienes en esa posición, te darás cuenta de que los músculos arden. Aprieta los glúteos y siente cómo se tensan los músculos. Repite tantas veces como sea necesario, para favorecer el temblor. Quedarás impresionada por los resultados. Una vez más, debes permanecer un tiempo así para realizar correctamente la posición de la rana.

Los ejercicios de EFT son las siglas de las Técnicas de Liberación Emocional (*Emotional Freedom Techniques*), también conocido como tapping. Cuando te sientas abrumada por el estrés o la ansiedad, la depresión o incluso el dolor crónico, esto puede hacer maravillas en ti. Todo el concepto se basa en la medicina alternativa como la acupuntura, la programación neurolingüística, y mucho más. Sería estupendo añadir algunos ejercicios de EFT a tu ritual matutino. Esto implica hacer tapping en partes específicas de tu cuerpo, mientras mantienes un ritmo constante y repites afirmaciones positivas. En este caso, puedes empezar a hacer tapping en la parte externa de la palma de la mano y luego pasar a la cara. El punto debajo de los ojos, en las mejillas, justo debajo de la nariz, en la barbilla, en las costillas y justo debajo de las axilas, todos estos son puntos excepcionales para practicar el tapping o EFT. Escribe EFT tapping en YouTube y encontrarás cientos de resultados para ver. Yo personalmente me concentro en un video de tapping hasta que siento que ese tema se resuelve en mi vida. Por ejemplo, si estoy sintiendo angustia durante una semana en particular, me enfocaré principalmente en un video de tapping EFT de angustia esa semana, hasta que la haya superado.

En cuanto a lo que puedes decir, intenta algo similar a lo siguiente: "He pasado por mucha presión. Hay un trauma en mi vida, que ha desordenado todo mi ser. Me han herido, he llorado y he sufrido bastante. Ahora es mi momento de brillar. Soy lo suficientemente poderosa para dejar atrás este trauma. Está en mí luchar y superar las dificultades que me han sucedido. Soy fuerte y maravillosa". Esto es sólo un ejemplo, para que puedas experimentar con lo que te hace sentir mejor. Añade afirmaciones positivas, que te ayudarán a reforzar tu confianza y a ver quién eres realmente. ¡Debes creer en ti!

❦ 9 ❦
ABRAZA EL DESPERTAR DE TU DIVINIDAD FEMENINA

Nadie ha nacido sabiendo todas las respuestas a todas sus preguntas. Y hay una pregunta en particular que ha estado en tu mente desde hace bastante tiempo. Por supuesto, esta ha sido una de las principales razones por las que ahora tienes este libro en tus manos. Estás buscando las respuestas que te iluminen en tu viaje hacia el despertar de la divinidad femenina. Todos somos humanos y los humanos necesitamos respuestas. Necesitamos una respuesta positiva y la confirmación de que estamos en el camino correcto. Sin embargo, no hay un veredicto claro de "sí o no". No puedes visitar a un profesional para que te diagnostique si estás despertando o no, ¿verdad? Así que en los momentos de duda, debes acudir a quien tiene la sabiduría y el conocimiento para guiarte.

¿Te preguntas si tu divinidad femenina está finalmente despertando o no? Hay momentos en los que nos sentimos en la luna, sólo para descubrir que hemos sido engañados por las señales. Especialmente cuando se trata de descubrir tu poder divino, lo que está en juego es demasiado alto. Comprendo que sientas ansiedad por experimentar lo que está a punto de llegar. Pero, ¿está ocurriendo realmente? ¿Estás realmente en camino de experimentar esta maravillosa sensación? ¿Estás a punto de pasar página? Voy a ofrecerte una serie de señales, para que compruebes que tu imaginación no te está jugando una mala pasada. Si marcas más de una de estas casillas, entonces sí que estás despertando. ¿Estás preparada para identificar estas señales reveladoras?

Obviamente, una de las señales fundamentales de que estás despertando es tu intuición más profunda. Lo sentirás en tus huesos. Estarás segura de que algo está cambiando, como una oruga que está a punto de convertirse en mariposa. Esta transformación es enorme y se producirá desde dentro. ¿Alguna vez te has sentido segura de algo en tu vida? Para aquellos que se han sentido tan enamorados que todo lo demás no importa, esto será muy parecido. ¿Has conocido a mujeres que han decidido cambiar su vida contra todo pronóstico, porque sentían que eso era lo correcto? ¿O tal vez tú seas una de esas mujeres? Este es el sentimiento, así que busca esa señal como si fuera un exquisito aperitivo, ¡el comienzo perfecto para un delicioso banquete por delante!

¿Estás Despertando De Tu Hibernación?

Tu poder divino femenino se está despertando lentamente, ¿cómo puedes saberlo? Una de las cosas que debería alertarte, es el hecho de que siempre estés indagando cada vez más profundo, en busca del verdadero "tú". Es un gran avance tratar de averiguar quién eres, esto significa que aún no lo sabes. Esta duda acerca de ti misma, revela que eres mucho más de lo que creías ser. Cuanto más descubres sobre ti misma, más consigues amar tu singularidad. La aprecias y la abrazas. No hay nada mejor que saber que no encajas en ningún casillero, sino que eres extraordinaria, única y especial.

Al mismo tiempo, te liberas del egoísmo. No hay "ego" en tu persona. Como semilla estelar, has encarnado en esta vida para darle una mano al mundo. Estás destinada a ofrecer, en lugar de actuar por egoísmo e intereses personales. Esto no significa que te olvides de amarte a ti misma, en absoluto. Una de las señales de que estás en camino de tu despertar, es el hecho de que te cuidas mucho. Después de todo, ¿quién es más valioso que tú? De hecho, estarás más dispuesta a mejorar tu dieta y hacer algunos cambios radicales sobre tu bienestar. Por ejemplo, querrá dejar de fumar o abandonar por completo el azúcar, el café o las grasas.

Siguiendo con las señales que deberían alertarte de que estás en la ruta del éxito, notarás un cambio significativo en tu forma de tratar a los demás. Hasta ahora estabas acostumbrada a torcer el brazo y ceder en tu posición siempre que había un conflicto. Hacías prácticamente lo que los demás esperaban de ti. Te sentías como si no tuvieras tu propia voluntad. Pero ahora, sientes en tus entrañas que algo ha cambiado. Ahora no te preocupa qué dirán los demás. La protagonista de tu propia película eres tú y sólo tú. Además, ya no sucumbes ante los conceptos patriarcales. Aunque hayas aprendido toda tu vida a seguir esas reglas, ya no te rigen. Sabes que no es así y que estás por encima de eso.

Como ya hemos comentado en el libro, debes dejar todas esas amargas experiencias en el pasado. No debes guardar rencor, ni volver a caer en las mismas trampas. Todo eso es parte del pasado; lo hecho, hecho está. Ahora, un posible contratiempo no puede servir de excusa para moldear el futuro en un patrón negativo. Así que deja atrás todas las experiencias preocupantes, todos los errores y todas las ideas equivocadas. Por supuesto, esto no significa que debas machacarte. Al contrario de lo que puedas pensar, una de las señales tiene que ver con la compasión y el perdón hacia ti misma. Al fin y al cabo, no has hecho nada malo. La vida no viene con su propio manual, así que el ensayo y error está totalmente permitido.

Deberías estar preparada para todas estas cosas buenas que se te presentarán y que te permitirán conocer el secreto de que por fin estás despertando. Sin embargo, no todo son rosas y sol. Se trata de un enorme cambio en tu vida, que sin duda te hará sentir miedo. Te asustará la idea de que no hay que dar nada por sentado. Por el contrario, debes estar siempre dispuesta a dudar incluso del núcleo de tu existencia. ¿Es todo lo que has vivido hasta ahora una mentira? Esto puede hundirte, provocando depresión e incluso pensamientos suicidas. Por favor, ten paciencia, lo superarás. Se trata de una experiencia extraordinaria, que sólo unos pocos van a disfrutar en la vida. No te sientas impotente, ya que no eres nada de eso.

Es lógico que sientas la necesidad de compartir tu experiencia con los demás. Estar despierta y saberlo requiere de mucho valor. Para hacer frente a los cambios que se producirán en ti constantemente, debes encontrar tu comunidad. Por lo tanto, sentirás la necesidad de encontrar a tus compañeras. Querrás explorar los lugares en los que puedes encontrarte con personas afines para hablar de todo lo que estás viviendo. No hay nada alarmante en ello. De hecho, todos necesitamos apoyo a veces. El lado positivo es que, a pesar de lo que puedas pensar en un principio, acabarás recuperando la esperanza. Además, has sido bendecida y esto es algo que hay que celebrar, en lugar de padecerlo.

Con el tiempo, las señales que verás se volverán más y más claras. Tu confianza se fortalecerá, ya que empezarás a darte cuenta de lo que realmente está ocurriendo. No es raro que personas como tú tengan avances y epifanías. Las cosas empezarán a tener sentido, ya que estás conectando todos los puntos. Pronto te sentirás más poderosa que nunca, segura de hacia dónde te diriges. Aunque el odio a ti misma podría haber aparecido en algún momento del proceso, llenándote de decepción, ya no te odias a ti misma. ¿Cómo podrías hacerlo? Eres sagrada, créelo. Tu ego se ha transformado, tus chakras se han desbloqueado y te sientes preparada para tu nueva vida.

¡Así se hace, chica!

Si has llegado hasta aquí, lo más probable es que hayas experimentado esas primeras señales de despertar en tu vida, así que ¡felicidades! Este es un viaje increíble, que acaba de empezar. Tómate un momento y asimílalo, tratando de percibir plenamente lo que está sucediendo. Tú eres la elegida, eres sagrada, eres única. Nadie te va a quitar ese poder, porque no se lo vas a permitir. Tienes el control de tus emociones, tienes el control de tu entidad. Imagina todo el potencial de liberar tu energía femenina divina en el mundo. Deja que fluya a través de ti y siente lo que puede hacer. Eres divina y nadie puede quitarte eso. Tu poder ha estado ahí todo el tiempo, pero no has sido capaz de verlo. Ahora lo sabes y es justo que cambies tu vida, basándote en tus recientes revelaciones.

Tu instinto tenía razón. Esa voz en tu cabeza, que no dejaba de decirte que no te rindieras, ahora grita con alegría y emoción. Este es tu momento, chica. Deberías estar orgullosa de ti misma. Has llegado hasta aquí, interpretando las señales y persiguiendo tus sueños y esperanzas. Algunos dirán que eres demasiado entusiasta, otros te llamarán loca. Dudar de los demás y hacerles sentir mal, es algo a lo que la mayoría de la gente recurre cuando se siente amenazada. Y ser diferente siempre supone una amenaza para los demás. Pero esto no significa que debas buscar la uniformidad. No cediste a la tentación de complacer a los demás cambiando tu personalidad. Lo que hiciste requirió valor, y estuviste a la altura de las expectativas.

Ha sido un camino difícil y lleno de obstáculos, sin duda. Imagino que la mayoría de las personas no te habrán acompañado. Durante tus exploraciones, muchos de tus supuestos amigos y familiares no hicieron más que juzgarte. Han cuestionado tus motivos y te han despreciado desde que expresaste tu necesidad de profundizar en esta experiencia de búsqueda del alma. A muchas personas les cuesta deshacerse de sus viejas creencias. Se aferran a lo que conocen y son inflexibles, sin dejar espacio para el más mínimo cambio. Son los primeros en dudar de ti, incluso cuando tienes pruebas que respaldan tus afirmaciones.

A pesar de las dificultades, has conseguido resurgir de las cenizas como el ave fénix. Has persistido en tus objetivos y has encontrado lo que buscabas. Todas esas personas que no dudaron en insultarte y avergonzarte, burlarse de ti o incluso aislarte socialmente, ¿dónde están ahora? ¿Están cerca de ti para ser testigos de tu transformación? Espero que puedan ver lo que se ha convertido en ti. Será un día memorable, cuando te sientas indiferente ante sus actitudes y acciones. Recuerda que tu dignidad es incuestionable. Eres sagrada y nadie debe decirte lo contrario.

No cabe duda de que tus esfuerzos han perseverado a través de las dificultades. Todos estos resultados han llegado con sudor y lágrimas. Esto sólo hace que tu victoria sea más dulce. Sabes que has persistido en tus objetivos, incluso cuando todo el mundo a tu alrededor te decía que lo dejaras. No sólo no escuchaste sus consejos, sino que te empujaste a ti misma a experimentar tu despertar y disfrutar de lo que te espera. Es una maravilla que hayas sobrevivido, una maravilla que has orquestado por tu cuenta. Te mereces mis respetos, como forma de expresar mi gratitud por no haberte rendido. Las mujeres debemos empoderarnos unas a otras y ayudarnos a superar cualquier sombra o punto bajo durante este exigente proceso. Enhorabuena por lo que has conseguido hasta ahora, todos esperamos lo que viene después.

Te espera la grandeza, querida. El camino no será un camino de rosas, pero tú te has forjado con fuego y acero. Puedes asumir cualquier reto que se te presente. Ahora, una última señal para buscar. Estoy segura de que ya está ahí. Tu tercer ojo está abierto, ¿verdad? Enfócate y ve a través de él, mira lo que te revela. Se avecinan tiempos emocionantes, realmente emocionantes...

MEDITACIONES GUIADAS
PARA LLEVARTE DE LA MANO

Hay varias meditaciones guiadas que puedes hacer para experimentar tu despertar divino, y que marcarán la diferencia en tu vida. Entre ellas, siéntete libre de encontrar las meditaciones con las que realmente te sientas identificada. La meditación guiada del despertar de la energía femenina es la primera meditación en la que nos vamos a centrar en esta sección. Esta meditación te permitirá empoderarte y convertirte en la mujer que siempre has soñado ser.

Empieza por sentarte cómodamente en el suelo, con una manta o una esterilla suave. Estírate un poco, asegurándote de que todos tus músculos estén relajados. Coloca las palmas de las manos en tu regazo. Concéntrate en tu respiración, notando cómo el aire fluye hacia dentro y hacia fuera. Ahora es el momento de centrarte en conectar con tu energía femenina interior. Comienza a tomar conciencia y visualiza una rosa color rosa, que está floreciendo dentro de tu corazón. Presta atención a cada pétalo, observando cómo la rosa empieza a crecer y a expandirse. La rosa se hace más grande y más ancha con cada respiración. Ahora tu conciencia debe estar en la parte superior de tu cabeza, y puede que experimentes una ligera sensación de hormigueo.

Mientras observas esto, una suave luz rosa te ilumina. Te baña desde la parte superior de la cabeza hasta las caderas y las piernas. Esto es todo lo que ves, luz rosa que simboliza el amor puro. Este es el despertar tu energía femenina. Traes luz a tu oscuridad, mientras la Diosa dentro de ti te guía sin juzgar. Poco a poco, empiezas a sentir una aceptación incondicional. Nota su poderosa presencia bañándote. La poderosa energía femenina está despertando, sintiendo el cambio en tu cuerpo físico, tu mente y tu corazón. Esta es una transformación a la que le das la bienvenida.

Imagínate en la cima de la montaña, con el aire soplando suavemente, y tocando tus mejillas, acariciando tu cabello. Permanece plenamente conectada con tu diosa interior, trayendo esta conciencia de vuelta a donde estás ahora. Abre los ojos lentamente, sintiendo las puntas de los dedos de las manos y de los pies, bajando los hombros. Así es como te acercas a tu energía femenina, despertándola para disfrutar de los máximos beneficios que pueden derivarse de este flujo sin pretensiones.

Meditación Guiada Para Equilibrar Las Energías Masculina Y Femenina

A través de la meditación guiada para equilibrar las energías masculinas y femeninas, podrás llegar a tu unidad y experimentar la plenitud, el equilibrio absoluto y una sensación de puro bienestar. Esta es una forma maravillosa de acercarte a tus dos facetas, dejar de luchar entre ellas y disfrutar de lo mejor de los lados masculino y femenino dentro de ti.

Siéntate cómodamente en algún lugar y empieza a inspirar

y espirar, de forma muy suave y lenta. Deja ir tus preocupaciones y todo lo que te ha estado molestando. Cierra los ojos y vete a un lugar tranquilo, viaja a algún sitio en el que te sientas cómoda y emprende tu nuevo viaje. Puede ser un lugar conocido o un lugar que no hayas visto nunca en tu vida. Deja que los colores te abracen, calmando tu alma. ¿Qué colores te rodean? Mírate a ti misma, como si estuvieras brillando con una luz inmensa. Estás radiante. Observa todos los detalles de ti misma. ¿Eres pequeña o grande, eres hermosa, radiante, elegante? Tómate un momento y concéntrate en tus chakras. ¿Cuáles de esos chakras están ya brillando en tu cuerpo? Todos tus diferentes centros energéticos deberían empezar a brillar, así que presta atención a los que aún no lo están.

Ahora, mira en la distancia. Hay otro ser que se acerca a ti, un ser del sexo opuesto con una forma radiante. A medida que el ser se acerca más y más, te das cuenta de que eres igual de hermosa, igual de radiante, igual de grande. Eres exactamente la polaridad opuesta, pero todo lo demás es similar. Saluda a ese ser con las palmas de las manos, acercándose aún más. Tus palmas se tocan y entonces, lentamente, comienzan a fusionarse. A medida que se van haciendo uno, sientes que esa energía te enciende. Hay un despertar de los rasgos opuestos, las energías opuestas dentro de ti. Tu energía masculina se potencia y complementa tus rasgos femeninos. ¿No se siente maravilloso?

La presencia de este otro ser enciende la columna central de tu cuerpo, que te ofrece la posibilidad de experimentar el equilibrio absoluto entre tus energías masculina y femenina. La unión de estas dos energías distintas te conecta con ese poder superior. Finalmente, es el momento de que ese ser fluya fuera de tu cuerpo y se vaya. Esto te permite seguir siendo quien eres. Sin embargo, tienes la oportunidad de fusionarte cuando te apetezca hacerlo. Puedes venir a este lugar en tu mente en cualquier momento y experimentar lo mismo. Para recuperar la conciencia y despertar, empieza a respirar profundamente y mueve ligeramente los dedos de los pies y de las manos.

MEDITACIÓN GUIADA DE LA DIOSA DEL REIKI

SI TIENES PROBLEMAS PARA DORMIR, O SI ESTÁS DEMASIADO estresada, y quieres liberar la tensión, la meditación guiada de la Diosa de Reiki es una opción magnífica para ti.

Cierra los ojos y respira profundamente. Déjate llevar, mientras emprendes un viaje hacia los paisajes más poderosos. De hecho, estás flotando y puedes sentir cómo tus pies ascienden lentamente a los cielos. Allí, encuentras a la Diosa. Mientras exhalas, liberas tu mente y piensas en este cuento sobre el tiempo. El tiempo comenzó a dar órdenes a los planetas, al sistema solar, a las diferentes galaxias, mientras la Esperanza les daba vida. La Tentación se apoderó de sus virtudes y la curiosidad empezó a apoderarse de ellos, por lo que el Tiempo se movía cada vez más rápido. Más y más estrellas se añadieron al cielo nocturno, ofreciendo su inmenso brillo al universo. Entonces, el Tiempo se movió aún más rápido y los colores se extendieron por todo el mundo. Miles de matices cromáticos, hermosas tonalidades en perfecta armonía, creando obras maestras de la naturaleza.

El Tiempo no podía quedarse quieto, así que cada latido sonaba como música y motivaba al Tiempo a moverse cada vez más rápido. Mientras el Tiempo vagaba por el universo, tropezó con el Sol. El Sol no tenía pulso, a diferencia de todo lo demás en el mundo. Así que no tenía conocimiento de su nacimiento, ni curiosidad por averiguarlo, ni necesidad alguna. Con el Sol brillando intensamente y dando su calor al universo, el Tiempo tuvo que ralentizarse. El Tiempo no podía ni siquiera moverse, así que se contuvo literalmente mientras intentaba moverse alrededor del Sol. El Tiempo anhelaba el amor, pero el amor no estaba en ninguna parte. No podía unirse al resto del universo, escuchar el pulso y sentir la curiosidad necesaria para continuar su trayectoria.

En respuesta al anhelo del Tiempo, el universo creó a la Diosa del Amor. Ella acudió al rescate del Tiempo y se sentó a su lado. Entonces, teniendo al Tiempo a su lado, la Diosa del Amor comenzó a enseñar al Sol. Cantó dulcemente, mientras las mariposas llenaban sus manos, y los aromas de la miel de abeja llenaban la atmósfera. Su voz y su canto eran curativos. La Diosa entonces tomó el Sol y colocó todo en el universo justo para que todo estuviera en equilibrio. Los planetas, las lunas, las estrellas fugaces, los soles, y todo estaba en perfecta sincronía para producir el resultado más magnífico.

La Diosa del Amor habló con el Sol, explicando que hay un latido especial dentro de todos y cada uno de nosotros. Si realmente escuchas, podrás oír esa melodía especial, el latido que nos mantiene en armonía con el resto del universo. Este latido viene en forma de corazón.

Meditación Guiada Para La Sanación De Tu Niña Interior

Tu familia te ha educado de una manera determinada, y a menudo ha ido más allá para hacer lo correcto. Te han protegido y cuidado, te han alimentado y te han mantenido. Sin embargo, esto no significa que el proceso de crecimiento no te haya herido. Hay traumas que se esconden bajo la superficie y te impiden disfrutar de la vida al máximo. La meditación de curación de tu niña interior te ayudará a aliviar y resolver los traumas del pasado. Veamos cómo puedes practicar esta meditación.

Comienza cerrando los ojos. Respira profundamente y con calma. Reduce la velocidad, desconéctate y relájate. Baja los hombros un poco, deja que caigan un poco. Todo tu cuerpo se relaja. Entonces empiezas a pensar en tu pasado, en tu vida de niña. Lo visualizas y piensas en toda la negatividad, en todas las malas situaciones que te han llevado a donde estás ahora, traumatizada e indefensa. Deberías haber encontrado protección y seguridad, pero no lo hiciste. A continuación, visualiza la línea de tiempo de tu vida. Hay una luz al final de la línea de tiempo, y te estás acercando a ella. Con cada respiración que tomes, siente que la luz te rodea, te calienta, ilumina cada célula de tu cuerpo.

Imagina que los vórtices de la planta de tus pies se abren para recibir la misma luz de la madre tierra. Ahora que te sientes más ligera y sana que nunca, es el momento de mirar hacia atrás, hacia el comportamiento disfuncional que te llevó a tu trauma. Intenta identificar dónde empezó. Mantén los ojos cerrados, sintiendo la cálida energía que te invade. Estás preparada para viajar a tu infancia. Una vez que localices ese preciso momento, abre la puerta que tienes delante. Lo que encuentras allí es sorprendente. Allí está tu figura, así como la figura de ti misma cuando eras niño.

Obsérvense mutuamente y, cuando se sientan lo suficientemente cómodas, empieza a hablar con tu yo más joven. Será emotivo, sin duda. Intenta tranquilizar a esa niña diciéndole que todo irá bien. Tú eres la manifestación viva de que al final todo saldrá bien. Toma a la niña en brazos, consuélala y hazle saber que sientes no haber podido estar a su lado. Permite el diálogo entre los dos. Esta niña es dulce e inocente. Tómate unos momentos, consuélala y haz que se sienta segura. Fíjate en lo inocente y esperanzada que es, todo lo que necesita es amor. Desgraciadamente, sus padres o las personas a su cargo no pudieron proporcionárselo y por eso esa niña fue programada de forma equivocada.

Entonces, sigue adelante y habla con la niña. "Dulce niña, te quiero. Te apoyo. Eres maravillosa y puedes hacer cualquier cosa que te propongas. Te mantendré a salvo y protegida de todo daño" Dile todas las cosas que has estado deseando escuchar siempre y que nadie te ha dicho. Esto corregirá la programación de esta niña. Hazle saber las consecuencias negativas de sus patrones no saludables. "Dulce niña, no te preocupes por tus padres. No está destinado a ser así. No escuches lo que dicen los demás. Eres buena y digna, mereces ser amada. Mereces ser feliz. Los demás proyectaron en ti sus miedos, sus heridas y sus problemas, y no eran los tuyos. En lugar de eso, cuida de ti y de ti misma solamente".

Al final, debes invitar a tu versión más joven a que te acompañe, para que puedas mantenerla a salvo como prometiste. Permite que la niña se incorpore y venga contigo, fundiéndose con tu figura actual. A continuación, respira profundamente para calmarte y siente la luz purificadora en tu interior. Ahora puedes traer tu yo del pasado a tu estado actual, puedes borrar todos los traumas y corregir las disfunciones que se han producido desde tu infancia. Relájate, suspira con alivio y aprecia el momento. Estás preparada para volver. Siente cómo se mueven tus dedos de los pies y abre los ojos. Estírate un poco y sonríe. Has llegado a la meta.

MANIFESTANDO TU HERMOSA VIDA CON TU ENERGÍA FEMENINA DIVINA

A l experimentar tu energía de divinidad femenina, ¿no sientes que algo ha cambiado en tu vida? No me refiero a los cambios teóricos, sino a lo que ocurre en tu vida cotidiana. Después de haber alcanzado ese punto en el que ya no dudas de tu divinidad, se despliega todo un nuevo mundo de potencial. Aquí es donde comprendes realmente lo que ha sucedido. Tu vida nunca será la misma. Lo que has estado soñando todo este tiempo, lo que has estado deseando secretamente que sucediera, está aquí.

Hay muchas cosas en la vida que causan ansiedad y estrés, impidiéndote apreciar realmente el momento y disfrutar de tu vida al 100%. La mayoría de la gente se estresa por el dinero, la salud y las relaciones, así como por cuestiones profesionales. Está en tus manos elegir lo que más te preocupa en tu vida, para cambiarlo según tus deseos. Tú tienes el poder necesario para atraer lo que te hace falta. Si te preguntas cómo puedes lograrlo, es muy simple y sencillo. Necesitarás el poder de tu mente para conseguir dar un vuelco a tu vida. ¿Alguna vez has pasado un tiempo a solas, imaginando cómo hubieras querido que fuera tu vida? Hay momentos en los que la gente se siente deprimida y trata de aferrarse a algo; un recuerdo, una persona, un sueño. Así que a menudo acaban fantaseando con su vida soñada. Se imaginan cómo sería la casa perfecta, junto con la pareja perfecta y la carrera perfecta. Por supuesto, todo eso viene acompañado de una generosa cantidad de dinero en su cuenta bancaria. ¡Esta es, con mucho, la mejor compañía!

Al llegar a lo más profundo de tu energía femenina divina y utilizarla en tu beneficio, puedes crear la base sobre la que vivir la vida de tus sueños. Aunque esto suene demasiado bueno para ser cierto, de hecho puedes dar forma a tu futuro con el poder de tu diosa interior. Piensa detenidamente e imagina lo que te haría feliz. Luego, pídele al universo que te lo proporcione; sólo tienes que esperar y ver. Antes de que te des cuenta, toda tu vida habrá cambiado de rumbo. Estarás en camino hacia el éxito, de cualquier manera que definas el término. Si le pides a tu diosa interior que te traiga riqueza, entonces debes esperar que las riquezas lleguen a ti, incluso sin que lo sepas. Si, por el contrario, has pedido salud y bienestar, te sentirás capacitada para mejorar tu dieta y tu entrenamiento. Te sentirás más motivada que nunca para cumplir con tu plan, de modo que te puedas convertir en la versión más sana, más fuerte y más feliz de ti misma.

No hay nada que te detenga, ahora que conoces el secreto. Tu energía divina femenina es lo suficientemente poderosa como para provocar el caos. Por supuesto, esto no es lo que quieres. Por el contrario, lo que buscas es encontrar la armonía y el equilibrio perfecto en la vida. Cualquier cosa que te haga feliz debería dársete en un abrir y cerrar de ojos. No es necesario esperar y confiar en la suerte. Seamos sinceros, la suerte siempre favorece a los audaces y atrevidos en la vida. Debes poner de tu parte, en lugar de esperar que otros vengan a rescatarte. Con tu diosa interior, no necesitas a nadie más.

. . .

La Ley de la Atracción y La Energía Femenina

"Cuando quieres algo, todo el universo conspira para ayudarte a conseguirlo" Esta es una famosa cita de Paulo Coelho, que resume bastante bien lo que es la Ley de Atracción. Veamos cómo la Ley de la Atracción *(La Ley de la Atracción - Descubre cómo Transformar Tu Vida)* esta filosofía del Nuevo Pensamiento, puede hacer maravillas en nuestra vida. A través del uso de la energía femenina, podemos atraer lo que queremos y aprovechar nuestros deseos. De esta manera, podemos perseguir la riqueza, la abundancia, el amor, las metas profesionales, y todo lo que nuestro corazón desee, si utilizamos nuestra energía divina correctamente.

En primer lugar, tómate un momento y piensa en ello. ¿Has estado alguna vez en una situación en la que desear algo tanto te haya causado dolor físico? Tu corazón simplemente duele, porque quieres algo con mucha fuerza. Si alguna vez has visto en YouTube vídeos de niños reaccionando ante cachorros y gatitos, sabrás a qué me refiero. En cuanto un padre ofrece al niño un cachorro, éste rompe a llorar. Las emociones se desbordan y el niño no puede contenerse. Lo mismo ocurre cuando lloras de alegría al pensar en un ser querido o en anticipación de un acontecimiento importante. En un patrón similar, tu exceso de deseo te lleva a dudar de ti misma y a dudar de si es o no la elección correcta para ti. Aunque hayas pasado mucho tiempo pensando en algo, en el momento en que lo obtienes, empiezas a dudar al instante de que haya sido la mejor decisión. Ambas opciones significan que quieres algo más de lo que eres capaz de permitir. ¿Puedes entender este concepto? Cuando quieres algo en exceso, entonces acabas trabajando contra ti misma. Esto volverá como un boomerang y te golpeará en la cara, si no prestas atención a las señales.

El secreto está en la armonía y el equilibrio. Sin el equilibrio adecuado, no puedes encontrar tu paz interior. Más que eso, no puedes disfrutar de lo que se supone que debes disfrutar en la vida. Consigue el equilibrio y entonces podrás perseguir lo que anhelas. No te dejes llevar por las emociones; en su lugar, establece objetivos y metas realistas. Además, Roma no se construyó en un día. ¿Qué significa eso para ti? Pues que tendrás que hacer las paces con tu situación actual para llegar a donde quieres llegar. Se necesita tiempo para reevaluar tu situación actual y ver cómo puedes mejorar tu vida, paso a paso. Así que es imprescindible que encuentres el lado positivo e identifiques las cosas buenas de tu estado actual.

En adelante, no debes descuidar todo el ritual de visualizar lo que sentirías al conseguir lo que quieres cuando se trata del amor. De este modo, te imaginas a ti misma como receptora y analizas todas las emociones que despiertan tus logros. Si lo haces con frecuencia, tendrás la oportunidad de cosechar los beneficios de tu imaginación. Cuando piensas en tus sentimientos, ocurre algo realmente maravilloso. Irradiarás estos sentimientos para atraer lo que deseas. Es lógico que tu aura atraiga lo que quieres y repela lo que detestas. Si te ciñes a ese plan, notarás que las personas equivocadas se desvanecen y las correctas se acercan a ti. Sé que puedes ser escéptica, pero inténtalo.

Céntrate en las cosas que crees que te faltan. Por ejemplo, si estás en un mal estado financiero, entonces visualiza que eres rica. Piensa en tus riquezas, analiza tus finanzas y mira cuánto tienes. Utiliza afirmaciones positivas para convencer a tu mente de que ya eres rica. Eres dueña de un yate, tienes joyas y acciones en tu caja de seguridad, y tu cuenta bancaria tiene más dinero del que podrías necesitar en tu vida. Si, por el contrario, lo que más anhelas es el amor y estás sola, intenta repetirte una y otra vez que eres digna del amor y que la pareja de tus sueños está ahí mismo buscándote. Cree en tu capacidad de atraer el amor y disfruta de una maravillosa relación con el hombre de tus sueños. Antes de que te des cuenta, este llamará a tu puerta.

Igualmente importante es que atiendas a las señales que revelan que estás en el camino correcto hacia el éxito. Cuando pierdes la esperanza, es lógico que encuentres algo que te levante y te devuelva la fe en ti misma. Qué mejor manera de conseguirlo que recopilar todas las pruebas que demuestran que tus acciones han tenido un impacto positivo en ti y en el resto del mundo. Es edificante tener las pruebas necesarias para saber que lo estás haciendo bien. Si caminas con los ojos vendados, siempre dudarás de si vas o no en la dirección correcta. Una vez que abres los ojos, obtienes instantáneamente la seguridad que has estado deseando recibir.

Cuando estás buscando activamente a un hombre para entablar una nueva relación, la Ley de la Atracción puede ayudarte mucho. Obviamente, primero tienes que asegurarte de que el hombre que te interesa está realmente en la misma página que tú. No estoy hablando de que esté enamorado de ti, pero es justo que persigas a un hombre que no esté casado, que sea heterosexual y esté abierto a nuevas relaciones. De lo contrario, tus probabilidades disminuirán naturalmente y la ley de la atracción no es la culpable aquí. A continuación, debes centrarte en la esencia del hombre. Esto significa que debes identificar qué sentimientos despierta en ti. Estos sentimientos son los que te impulsan a querer estar con él. Si te preguntas ¿por qué esto? Porque es una parte crucial para la formación de la relación, mira cómo funciona la Ley de Atracción. Necesitas provocar estos sentimientos en ti misma primero, para luego poder generarlos en un hombre.

Como ejercicio para practicar la Ley de Atracción y el

impacto que tiene en tu energía femenina, cada mañana
puedes escribir lo que quieras que ocurra en tu día. Esto
puede ser tan pequeño como disfrutar de una comida abundante y deliciosa, o tan grande como ganar la lotería. Algunas
de las cosas que incluyas en la lista pueden parecer casi imposibles. Lo mismo ocurre con el hombre de tus sueños. Escribe
si quieres quedar con él, dónde quieres verlo y qué quieres
que haga. Escríbelo todo con detalle y ponlo en una lista, para
que el universo pueda proveerlo. Aunque al principio todo
esto te parezca simplemente un deseo, pronto percibirás su
significado y su verdadero valor.

En lugar de sentarte sin hacer nada, o de preguntarte por
qué tu vida se ha vuelto tan rancia y amarga, tienes que dar un
paso adelante. Pasa a la acción y reclama al universo lo que es
tuyo. Es esencial que persigas activamente tus sueños y esperanzas. No hay nadie que desempeñe ese papel por ti. Está en
tu mano forjar tu destino, así que sigue adelante y haz lo que
tengas que hacer. Antes de pedir para recibir, asegúrate de
deshacerte de todo el desorden dentro de tu mente y tu alma.
Limpia la energía negativa, porque este es el único camino
para lograr una conexión más profunda con tu ser superior.
No necesitas todo este ruido. Lo que sí necesitas es contribuir
activamente a tu evolución. Te propones algo y haces lo que
sea necesario, persuadiendo al universo de que tienes derecho
a ello.

MEDITACIÓN GUIADA PARA LA MANIFESTACIÓN DE LA Energía Femenina

UNA MEDITACIÓN GUIADA QUE PUEDES UTILIZAR PARA
manifestar tu energía femenina es la siguiente, pero siéntete
libre de experimentar con palabras similares de agradeci-

miento hacia el universo. Debes estar relajada, preferiblemente en un lugar con el que estés familiarizada y cómoda. Utiliza salvia para despejar el espacio y favorecer tu meditación. Enciende algunas velas y siéntate en silencio. Esta es una ceremonia sagrada, que te ofrece la oportunidad de alcanzar tu yo más elevado. "Querido universo, soy digna de recibir lo que quiero en la vida. Estoy lista para disfrutar de la manifestación de mi energía femenina. Quiero que mis deseos más puros se cumplan de inmediato porque los merezco. Recibir todo lo que quiero para el bien común de todas las mujeres. Es mi derecho disfrutar de la vida al máximo para beneficiar al mundo a través de mi excepcional estilo de vida. Mis deseos están en perfecta consonancia con la naturaleza. Quiero permanecer en armonía con Gaia y así es como puedo conseguirlo. Merezco sentirme feliz".

Como puedes imaginar, es vital que mantengas la calma durante toda la meditación. Tienes que controlar tu respiración y marcar el ritmo, para llegar a tu energía femenina y pedir lo que es tuyo. Cierra los ojos, asegúrate de que tus músculos estén relajados y sumérgete en el subconsciente. Apunta a un flujo infinito de energía. Encuentra la forma perfecta de escuchar a tu cuerpo y date cuenta de hacia dónde se dirige ese flujo. Mantén la calma mientras repites las afirmaciones positivas anteriores. Siente cómo la energía se despierta y todos tus deseos se manifiestan lentamente ante tus ojos.

Todo tiene que ver con tus creencias. Tienes que estar segura de que mereces lo que estás pidiendo que se manifieste a través de tu energía femenina. A menos que estés segura de que tienes derecho a esas demandas, nunca lograrás obtenerlas. No importa si has pasado todo este tiempo tratando de cambiar tu mentalidad. Debes mostrarte súper segura de ti misma, absolutamente segura de lo que debes disfrutar en tu vida. Esta meditación guiada sólo te está dando el recipiente a través del cual expresar tus pensamientos y deseos internos.

Esto Es Un Maratón, No Un Sprint

Todo este conocimiento puede hacer que quieras sumergirte directamente y experimentar tu verdadero poder divino en todo su potencial.

Sin embargo, esta no es la mejor manera de hacerlo. Entiendo por qué estás tan emocionada, pero necesitas tomártelo con calma. Hay mucho más que dominar antes de experimentar con el impacto de tu divinidad. Eres tan nueva en esto que es prudente respirar profundamente y mantener la calma. Deja que el universo haga su magia, y siéntate relajada y disfruta de lo que viene.

No hay ningún atajo para llegar a ningún sitio que merezca la pena, ¿verdad? Esto es algo maravilloso que debes tener en cuenta la próxima vez que tengas la tentación de precipitarte y forzar las cosas. En lugar de eso, tienes que practicar el arte de la paciencia. Puede ser duro a veces, pero en cuanto veas los beneficios que ofrece, agradecerás haberte tomado las cosas con calma. Mientras tanto, aprecia el momento y evalúa tus progresos. Anota todos los cambios que se han producido hasta ahora. Agradece todas las cosas buenas que te han llegado. Aprecia los momentos especiales que has vivido hasta ahora y prepárate para las emociones futuras.

Piensa en dónde estabas cuando empezaste este viaje y mira dónde estás ahora. Has conseguido hacer todas estas cosas increíbles, has sentado las bases para una vida futura aún mejor. Ahora estás preparada para cosechar los beneficios de tus elecciones. Sin embargo, el cambio no se produce de la noche a la mañana y esto es algo que debes asumir. Hay varias etapas por las que debes pasar, antes de disfrutar plenamente de ese poder abrumador de tu interior. Debes domar ese poder y aprender a tener el control. Se necesita tiempo y una verdadera lucha para conseguirlo. Así que planifica con antelación, prepara tus armas y estructura una estrategia que acabe dando sus frutos.

Tienes que dominar las habilidades que estás empezando a obtener, y esto viene a través de la práctica y la educación continua. Nunca debes creer que has terminado de estudiar. La vida siempre está llena de nuevas posibilidades, que sólo puedes desbloquear cuando lees y comprendes nuevos conceptos. No estamos hechas para quedarnos sin hacer nada mientras la vida pasa por delante de nosotras. Al contrario, tenemos que avanzar con ella, evolucionar y desentrañar los misterios ocultos que nos esperan. Concédete el tiempo necesario para dominar lo que has aprendido hasta ahora. Prueba diferentes meditaciones que desbloqueen las distintas partes de tu cuerpo, tu mente y tu alma. Lee todo lo relacionado con la creación de la atmósfera adecuada, que despertará los sentidos y te permitirá relajarte, abriendo tu interior.

Acepta la realidad tal y como es, y no ignores los hechos. Tienes un poder infinito para el cambio, pero esto no significa que puedas formar la realidad exactamente como la quieres de un momento a otro. La Ley de Atracción no funciona así. Primero tienes que cambiar tu mentalidad y luego seguir adelante para recibir lo que quieres en la vida. Este es un gran paso que necesitas dar, así que no seas impaciente. Establece objetivos realistas y construye tu verdad, ladrillo a ladrillo. De este modo, crearás una sólida obra maestra que no se desmoronará con el primer viento fuerte.

No importa cuántos contratiempos hayas experimentado, no debes rendirte. La perseverancia es la clave del éxito. Incluso las personas con más éxito en la vida han experimentado fracasos. De hecho, algunos de estos fracasos han desempeñado un papel catalizador en su desarrollo posterior. Debes aprovechar todo lo que tienes. Toma ese fracaso y utilízalo en tu beneficio. Aprende de él para no volver a cometer los mismos errores. Se trata de un conocimiento excepcional, que proviene directamente de la experiencia, y que te servirá de escudo de protección en el futuro. Si no has probado el fracaso, lo más probable es que no tengas la oportunidad de triunfar.

Si eres una atleta, piensa en la iluminación y en tu viaje hacia el despertar de tu poder divino como un maratón. ¿Disfrutas corriendo? Si tratas de esprintar en un maratón, eventualmente te darás cuenta de que estás desperdiciando tu energía y que has estado trabajando con falsas pretensiones. La mejor estrategia es preservar tu energía y ceñirte a tu objetivo final. Mantén tu energía, encuentra tu ritmo ideal y asegúrate de mantener el ritmo. ¡Esto te hará llegar a la meta antes de lo previsto!

CONCLUSIÓN

Bien, ¿y ahora qué? ¿Se supone que debes seguir con tu vida, como si tu despertar nunca hubiera tenido lugar? Ahora que has probado tu poder divino, ¿qué debes hacer? Estas son las preguntas que deben pasar por tu mente todo el tiempo. Es perfectamente comprensible, ya que lo que has experimentado es una verdadera revelación. Has despertado. Has conseguido experimentar lo que sólo unas pocas mujeres hacen en su vida. Esto significa que eres especial y que debes hacer buen uso de estos dones tan especiales. Después de haber descubierto algo tan alucinante como esto, es lógico que te sientas perdida. "¿Dónde voy a partir de aquí?", "¿Cuál es el siguiente paso que debo dar?" y "¿Realmente me está pasando esto?" son algunas de las preguntas a las que debes dar respuesta de inmediato.

Lo entiendo perfectamente; te has visto desbordada por las emociones. Es como si todo en tu vida empezara a tener sentido. Ya no eres la mujer insegura que eras antes. El miedo ya no te define. Al contrario, te has dado cuenta de la magnitud del poder que llevas dentro y eso hace que tu corazón lata más rápido. Lo más probable es que te resulte difícil concentrarte en otra cosa que no sea tu reciente experiencia trascendental. A estas alturas, es probable que hayas reproducido lo mismo una y otra vez en tu mente, intentando descubrir aún más detalles y saborear cada momento. No puedo culparte. Yo estaba en estado de shock cuando descubrí mi verdadera vocación, y me costó un tiempo recuperarme y retomar mi vida ordinaria.

Evidentemente, no se espera que lo entiendas todo de un día para otro. Hay una curva de aprendizaje que vas a seguir. Cada día descubrirás cosas nuevas de las que no sabías nada. Piensa que es como aterrizar en un nuevo planeta y tratar de descubrir lo que hay ahí fuera. No puedes empezar a caminar y caminar hasta que hayas cubierto todo el planeta, ¿verdad? Eso resultaría desastroso, ya que te agotarías y no tendrías la claridad necesaria para interpretar las señales. Paso a paso, debes trazar tus planes y averiguar la mejor manera de cubrir la mayor distancia posible cada vez.

Esta es una novedad trascendental la que has encontrado; nadie podría relajarse y simplemente salir a la calle con su rutina diaria. Es imposible ir a sentarse delante de un ordenador y hacer una entrada de datos, o ponerse a contestar el teléfono, sin querer gritarle al mundo sobre tu transformación. Te has comunicado con tu diosa interior, encontrando sólo una pequeña fracción de tu poder. Ahora tienes que poner esto en perspectiva. No puedes cambiar tu vida radicalmente porque eso porque eso te desconcentraría. Lo que puedes hacer es dar pasos pequeños como de bebé, y leer, y luego leer un poco más sobre lo que te está pasando. En este libro, espero haberte dado las respuestas a todas tus preguntas, pero debes seguir formándote de por vida.

Es importante que te ciñas a tu rutina y que incorpores este inmenso cambio a tu vida de forma que no se altere tu control de la realidad. De lo contrario, podrías enfrentarte al aislamiento social. Si comparas esta experiencia con cualquier otra que hayas vivido hasta ahora, habrá una enorme distancia entre ellas. Sin embargo, no debes subestimar lo que te ha llevado al lugar en el que te encuentras ahora. No te olvides de las personas que han estado a tu lado. Ellos merecen ser felices a tu lado, así que no los excluyas de tu vida. Por otro lado, los que han criticado y se han burlado de tus creencias no deben estar cerca de ti.

El Mundo Es Tu Ostra

...y tú eres la perla. La vida está llena de sorpresas y tú estás preparada para enfrentarte al mundo con una mentalidad diferente. Eres divina, eres sagrada, has sido elegida para bendecir la tierra y comunicarte con el universo. Hay divinidad dentro de ti, tu diosa interior te está invitando a experimentar la grandeza. ¿Qué es lo que te retiene? Aprovecha esa oportunidad y sácale el máximo partido. Cada día debería ser una celebración de tu naturaleza única. Estás equipada para enfrentarte al mundo, persiguiendo tus sueños y esperanzas hasta infundirles vida.

Mírate al espejo y dime qué ves. Veo a una mujer empoderada, que está ansiosa por descubrir todas las verdades de la vida. Tienes sed de conocimiento y quieres crear, nutrir, cuidar y saborear. No hay nada que te detenga en tu camino. Estás decidida a sobrevivir y prosperar contra viento y marea. Tu objetivo es hacer correr la voz a los demás, haciendo saber a las mujeres lo poderosas que son realmente. Está en tus manos. Tienes la capacidad de influir en más mujeres para que exploren su poder divino femenino. Esta es tu vocación. Este es tu destino. Disfruta de ser el centro de atención porque te lo mereces. Disfruta dejando que otros caminen en tus zapatos y sigan tu ejemplo. Te lo has ganado.

Eres libre de volar en busca, descubrir tierras inexploradas, sumergirte en aguas cristalinas y explorar la inmensidad del océano. Nada puede interponerse en tu camino. Es la pura fuerza la que te guía, junto con la iluminación del conocimiento profundo de la eternidad. Mira el sol, las estrellas y la luna. Observa lo grandes que son, brillando por sí mismos. No necesitan que nadie más los valide. En cambio, conocen su verdadero valor y nunca subestiman lo que son. Imagina el infinito, el antiguo poder que ha sobrevivido a través de milenios. Tú eres parte de esta verdad mística. Eres parte del universo, en perfecta sintonía con su poder.

El mundo es tu ostra, porque eres poderosa y extraordinaria. Eres capaz de trazar tu propio curso, decidir a dónde quieres ir y qué quieres hacer. No hay ninguna restricción. No hay nadie que pueda negar tu inmenso poder y tus ilimitadas posibilidades en la vida. En lugar de encontrar excusas para rechazar tus opciones y reducirlas a lo que te resulta familiar, tienes que expandirte y ampliar tus horizontes. Sal de tu zona de confort. No has llegado hasta aquí para conformarte con lo que dictan los demás. Al contrario, siempre has sido una visionaria. Tu mente nunca ha descansado; siempre intentas aprender más y descubrir lo que permanece oculto en la oscuridad.

Con la impactante revelación de que eres una entidad sagrada, directamente conectada con tu antiguo espíritu, ¿cómo puedes cambiar tus creencias y vivir la vida de forma diferente? Llega al mundo, revelando tus secretos y conectando con otros que están experimentando lo mismo, mientras lo haces. Tu vida está a punto de cambiar más de lo que crees. Entrena tu cerebro, reconoce los cambios y descubre cómo controlar tu energía interior. Este es el camino hacia la verdadera conciencia. Entonces, serás imparable. Tendrás el poder de fluir a través del universo, llamando a los elementos más preciosos de la naturaleza para que te bañen con sabiduría, amor, luz y esperanza. Una criatura etérea como tú tiene derecho a todas estas cosas magníficas de la vida. Sólo tienes que extender la mano y tomar lo que es tuyo por derecho. Prepárate, porque esta será una experiencia que cambiará tu vida.

Una Despedida Desde el Corazón

¡Enhorabuena, queridas mujeres! Han completado con éxito su camino hacia la iluminación y es hora de revelar el siguiente paso. ¿Cómo estás avanzando en tu vida ahora que has entrado en tu poder divino? A lo largo del libro, he tratado de describir en detalle cada parte del proceso del despertar. Sé que el viaje va a ser diferente para cada una de ustedes, señoras. Sin embargo, hay una cosa que puedo prometer aquí y ahora. Si sigues los pasos que he expuesto en estas secciones, te acercarás más que nunca a tu diosa interior. Esto es un logro en sí mismo.

Espero que ya te hayas dado cuenta de lo único que es tu verdadero yo. Sería un honor para mí escuchar que has apreciado un poco más tu lado femenino, gracias a algunas de las cosas que he dicho. Tienes que ser consciente de tu ser superior especial y tratarte siempre bien. Hay formas de llegar a lo más profundo de tu alma y descubrir tu energía femenina. Con el tiempo, aprenderás a dominar este flujo de energía y podrás contenerlo y utilizarlo exactamente de la manera que quieras. Esta maravillosa e inmensa fuente de energía te ofrecerá un sinfín de posibilidades en la vida, así que debes mantener los ojos abiertos y hacer uso de ellas.

Te deseo todo el amor en la vida. Te mereces una vida llena de amor y cuidados, así que asegúrate de rodearte de personas generosas. Más que eso, te deseo luz en tu vida; que te bañe con sus propiedades benéficas. La luz pura que brilla sobre ti y te ofrece todos esos sentimientos cálidos, proviene de la conciencia y la curiosidad. Espero que esta sea la luz que te guíe en tu viaje. Va a ser una experiencia extraordinaria para ti. Y sobre todo, te deseo valor. Habrá momentos en los que tendrás ganas de rendirte. Como te dije antes en el libro, despertar tu energía femenina no es todo rosas y flores. Así que necesitarás todo el coraje que puedas tener, para soportar el dolor, y lograr el trabajo duro y el esfuerzo extenuante.

Esta experiencia sólo te hará más fuerte y más iluminada. No rehúyas el reto. Lee las diferentes secciones y toma nota de todos los detalles que marcarán tu luz de guía. Este será tu faro, incluso cuando te sientas perdida en tu viaje. Vuelve a las páginas que tratan de aspectos específicos de tu despertar y trata de comprenderlos. Se trata de un conocimiento adquirido duramente, que he tenido la suerte de documentar y transmitirte. Siéntete libre de leer una y otra vez, hasta que percibas plenamente el concepto de alcanzar tu divinidad femenina. Tu transformación ya ha comenzado, lo cual es algo excepcional a tener en cuenta. Esto es algo de lo que deberías estar orgullosa. No muchas mujeres han sido bendecidas para vivir como tú lo haces. Así que es tu deber asumir el reto y aprovechar al máximo cada día.

Tómate un momento y contempla lo que has conseguido hasta ahora. Han recorrido un largo camino y no podría estar más orgullosa de ustedes, chicas. Ahora, todo está cambiando. Sus vidas mejorarán drásticamente ahora que han captado todo el potencial de su poder interior.

Todo este conocimiento empírico está disponible para ti ahora que has completado este libro. Extiende la mano y toma lo que quieras, porque ha llegado tu momento. Es tu momento de brillar e irradiar con un resplandor maravilloso, mostrando al mundo de qué estás hecha. Eres sagrada. Eres única. Eres maravillosa. Buena suerte en tu viaje, y te deseo todo lo mejor... ¡que estoy segura que lo obtendrás, ahora que has completado tu despertar de energía de la diosa!

REFERENCIAS

Create Balance And Harmony Using The Law Of Polarity. (2016, December). www.Magzter.com. https://www.magzter.com/article/Lifestyle/OMTimes-Magazine/Create-Balance-And-Harmony-Using-TheLaw-Of-Polarity

dc20462. (2017). Glow Woman Women. In *Pixabay*. https://pixabay.com/photos/glow-woman-women-s-silhouette-sea-2826154/

Devanath. (2016). Lotus Natural Water. In *Pixabay*. https://pixabay.com/photos/lotus-natural-water-meditation-zen-1205631/

FelixMittermeier. (2017). Milky Way Starry Sky Night. In *Pixabay*. https://pixabay.com/photos/milky-way-starry-sky-night-sky-star-2695569/

Fotorech. (2017). Sky Freedom Happiness. In *Pixabay*. https://pixabay.com/photos/sky-freedom-happiness-relieved-2667455/

Free Photos. (2014). Summerfield Woman Girl. In *Pixabay*. https://pixabay.com/photos/summerfield-woman-girl-sunset-336672/

Free Photos. (2015). Sparkler Holding Hands. In *Pixabay*.

https://pixabay.com/photos/sparkler-holding-hands-firework-677774/

Free Photos. (2016). Person Mountain Top Achieve. In *Pixabay*. https://pixabay.com/photos/person-mountain-top-achieve-1245959/

geralt. (2019). Self Love Heart Diary. In *Pixabay*. https://pixabay.com/photos/self-love-heart-diary-hand-keep-3969644/

Gorbachevsergeyfoto. (2018). Woman Portrait Girl. In *Pixabay*. https://pixabay.com/photos/woman-portrait-girl-people-model-3287956/

Hans. (2016). Girl Person Child Summer. In *Pixabay*. https://pixabay.com/photos/girl-person-child-summer-dress-1469748/

HNewberry. (2016). Goddess Female Pagan. In *Pixabay*. https://pixabay.com/photos/goddess-female-pagan-magic-lady-1500599/

Katerina Knizakova. (2017). Model Red Weed Field. In *Pixabay*. https://pixabay.com/photos/model-red-weed-field-green-plant-1955528/

kudybadorota. (2018). Girl Daydreaming Horse. In *Pixabay*. https://pixabay.com/photos/girl-daydreaming-horse-daydream-3551832/

Leninscape. (2017). Yoga Outdoor Woman. In *Pixabay*. https://pixabay.com/photos/yoga-outdoor-woman-pose-young-2176668/

msandersmusic. (2016). Stained Glass Spiral Circle. In *Pixabay*. https://pixabay.com/photos/stained-glass-spiral-circle-pattern-1181864/

netage. (n.d.). The Da Vinci Code & Mary Magdalene |. Netage.Org. https://netage.org/the-da-vinci-code-mary-magdalene/

NRThaele. (2017). Girl Freedom Climbing. In *Pixabay*. https://pixabay.com/photos/girl-freedom-climbing-hiking-1955797/

Paulo Coelho - Wikiquote. (n.d.). En.Wikiquote.Org. Retrieved September 15, 2020, from https://en.wikiquote.org/wiki/Paulo_Coelho

Peterson, J. (2020, March 4). *Jordan Peterson explains the yin yang symbol*. Logo Design Love. https://www.logodesignlove.com/yin-yang-symbol

Piro4d. (2017). Feng Shui Stones Coast. In *Pixabay*. https://pixabay.com/photos/feng-shui-stones-coast-spirituality-1960783/

Qimono. (2018). Drop Splash Drip. In *Pixabay*. https://pixabay.com/photos/drop-splash-drip-water-liquid-wet-3698073/

Silviarita. (2017). Young Woman Girl Umbrella. In *Pixabay*. https://pixabay.com/photos/young-woman-girl-umbrella-rain-out-2268348/

Sweetlouise. (2017). Necklace Heart Stones White. In *Pixabay*. https://pixabay.com/photos/necklace-heart-stones-white-gold-2149668/

The Law Of Attraction—Discover How to Improve Your Life. (n.d.). The Law Of Attraction. Retrieved September 15, 2020, from https://www.thelawofattraction.com/

POR FAVOR, DEJA UNA
RESEÑA EN AMAZON

Desde lo más profundo de mi corazón, quiero agradecerte por haber leído este libro. Realmente espero que te ayude en tu viaje espiritual y a vivir una vida más feliz y empoderada. Si te ha sido de ayuda, me gustaría pedirte un favor. ¿Serías tan amable de dejar una reseña de este libro en Amazon? Lo apreciaría muchísimo y sé que tendrá un impacto en las vidas de otras personas que buscan alcanzar la espiritualidad en todo el mundo y les dará esperanzas y energía.

¡Muchas gracias y buena suerte!

Angela Grace